ケータリングのプロが教える

持ちより&
差しいれレシピ

Mochiyori
& Sashiire
Recipe

岩本恵美子

Table of contents

005 Introduction
006 持ちより&差しいれのコツ
011 持ちよりパーティー、成功への道

012 Scene01 朝ごはんパーティー
022 Scene02 スパイスパーティー
032 Scene03 エスニックパーティー
042 Scene04 巻きまきパーティー
052 Scene05 スチームパーティー
062 Scene06 赤のテーブルパーティー
072 Scene07 春のピクニックパーティー
082 Scene08 夏の果実パーティー
092 Scene09 秋の夜長の宴
102 Scene10 冬のクリスマスパーティー

112 メニュー構成のコツ
114 FINGER FOOD & PINCHOS
116 DELI
120 MAIN
128 DESSERT

132 餃子の皮 作り方のコツ
133 トルティーヤラップ 作り方のコツ
134 いなり寿司2種 巻き方のコツ

134 Conclusion

Introduction

わたしはホームパーティーが大好きです。
とりわけ持ちよりパーティーは。
招く側であれば、あの人はどんなものを持ってくるだろう？
と考えたり、
持ってきた料理のレシピや四方山話などを聞けたり
収穫がたくさんあります。
招かれる側であれば、どんなものを持っていこう？
よろこばれるアイデアは？
と考えるだけでもワクワクします。

でも、持ちよりや差しいれはハードルが高くて苦手という人も
少なからずいるはず。
なにを持って行けばいいのか、どれくらい持って行けばいいのか。
おいしくて、パーティーっぽいメニューってどんなもの？
と頭を抱えてしまう。
本書には、シチュエーションに合わせたメニューや演出の提案、
持ち運びのテクニックなどが満載です。
少しだけ手をかけて、でも頑張りすぎない。
見た目も味も満足感たっぷり。
明日にでもパーティーを開きたくなるような、
そんな心おどる手引き書です。

持ちより＆差しいれのコツ

安心・安全を最優先

　気温が高い夏は、保冷を意識して料理を持って行きますが、春や秋は油断しがちです。ピクニックにぴったりの季節ですが、昼間の気温や直射日光に当たることも考慮しましょう。

　生ものや乳製品はなるべく避け、料理はしっかりと火を通すことをおすすめします。生ものや乳製品を持って行く場合には、保冷剤や氷、クーラーボックスを活用しましょう。アルミやステンレスの容器は保冷に向いています。

　冬でも、暖かい部屋の中で料理を出しっ放しにしていると食材が変色したり、腐敗します。真冬ならベランダなど外気を利用して保冷するのも効果的です。

持って行くときのアイテム

お弁当箱、ランチボックス、曲げわっぱ
使い勝手のいい、スタンダードなタイプの容器は、ピクニックなど野外でのパーティーにおすすめ。シンプルなデザインなので、和洋中どんな料理にも使えて便利です。

ガラスの器、フィドジャー、ホーロー
ガラスは熱湯で煮沸消毒ができ、強い臭いも移りません。冷めにくいホーローも揃えたいアイテム。プラスチックカップや紙コップであらかじめ小分けにしておくと、お皿いらずです。

かご類
取っ手つきのものに飲みものを入れて持って行ったり、料理を並べる器としても使い勝手のいいかご類。大きさ、かたちともにさまざまあるので、いくつか揃えておくといいでしょう。

お菓子＆チーズの箱
蓋を開けるのが楽しみになるような、お菓子の缶やチーズが入っていた箱は、手軽にシーンを演出できるアイテムです。すてきなものがあったらとっておくようにしましょう。

食べるときのアイテム

ウッドボード、鍋敷き、紙皿、ペーパー
バゲットなどその場で切るものがあるならウッドボードが便利。鍋を持って行くなら、鍋敷きも忘れずに！ 紙皿は白でなく茶色がおすすめ。ペーパーナプキンはシーンを演出するアイテムにもなります。

お皿
軽くて、料理が映えるお皿があったら、持ちよりや差しいれにぴったりなので「買い！」です。黒いお皿は料理の色が引きしまって見え料理を選ばないので特におすすめ。お皿を統一するとパーティー感が高まります。

ストロー、串、楊枝、スプーン&フォーク
カラフルなストローやかわいい楊枝で、たのしい雰囲気を演出しましょう。スプーン&フォークは、ゴールドやシルバーのものもすてきですが、木製やプラスチック製も使いやすいです。

★使えるお店

★100円ショップ
今時の100均はおしゃれなアイテムがあります。ぜひ掘り出しものを見つけてください。

★LOHACO lohako.jp
インポートの包材や紙コップ、使い捨てのクラフトのお弁当箱など小ロットで業務用のものも購入できます。カラーのペーパーナプキンが充実していて、テーブルを華やかにしてくれます。

★東京の合羽橋や築地市場場外
折り箱やお重はこちらで購入できます。通販もあります。

そのほか

●**空き瓶**
ジャムやアンチョビ、マスタードなどの小瓶は密閉性が高く、ケータリングに向いているアイテムです。わたしはよくアンチョピの瓶を活用しています。

●**サインペン**
紙カップや瓶などに文字やイラストを手書きすると、たのしいパーティーを演出できます。事前に書いておくと現場で慌てることもありません。

●**英字新聞、ワックスペーパー、オーブンシート**
見た目にかわいく、なにかと使える紙。タッパーや折り箱、バスケットに敷きます。活したくないお重などにはワックスペーパーやオーブンシートを上手に活用しましょう。

コツその ① 温かい鍋の持ち運び

❶

蓋をはずした鍋の下にラップを敷きます。

❷

両サイドからラップをかけます。

❸

鍋のかたちにそって、しっかりとラップをかけます。

❹

鍋の蓋をします。

❺

同じ要領で蓋の上からラップをかけます。

❻

アルミホイルを鍋の下に敷き包みます。

❼

ぴったりと包み込みます。

Finish! 完成！

コツその ② マフィン型の持ち運び

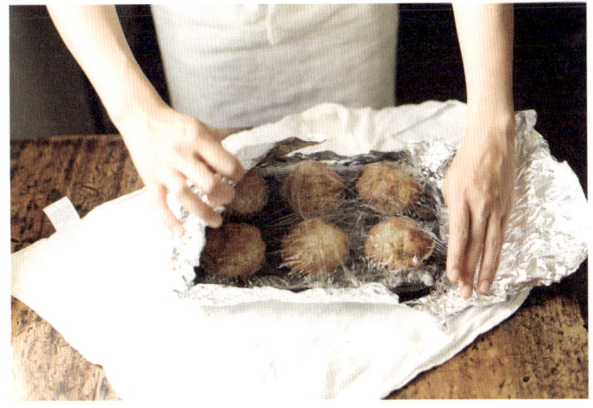

布、アルミホイル、ラップの順番に敷き、それぞれ内側のものからていねいに包んでいきます。

コツその ③ ガラスの保護

ガラスの器はキッチンペーパーや新聞紙、リネンなどで一つひとつを包んで緩衝材にしましょう。

コツその ④ 薄く割れやすいもの

薄くて割れやすいものは、キッチンペーパーを間に入れて層状に。かたちに合ったアルミ缶が重宝します。

コツその ⑤ ディップやソース

食べるときにつけるディップやあとからかけるソースには、蓋つきの瓶が便利です。

コツその⑥ 大きく作り、小さく切り分け

スクエア型で焼いて一口サイズに切り分ける。「大きく作って、小さく切りわける」はケータリングのテクニックです。

コツその⑦ 現場で作業

葉ものはビニール袋に空気を入れて、丸くて転がるミニトマトなどはタッパーに入れて持って行きます。食べる直前にチーズを削るのも◎

コツその⑧ マリネ液に漬す

ラップをかけてから蓋をしておくと、味がよくしみ込み、持ち運びによる液だれも防げます。

コツその⑨ ラップでテリーヌ

固めて持って行けるテリーヌは、ラップを巾着の要領で使うと、持ち運びやすく見た目にもかわいいです。

持ちよりパーティー、成功への道

● 招待された場合
パーティーの趣旨に合ったものや、季節感を感じられる旬の食材を選ぶとよろこばれますし、コストも抑えられます。そんなに手が込んでいないものでも、ちょっとした工夫ですてきに見えるもの。市販品をうまく取り入れてもOK。心がこもっていれば、きっとよろこんでもらえるはずです。

● 招く場合
事前に打ち合せをして、それぞれの参加者の分担を決めます。持ちよったものが、すべて唐揚げ……なんてことのないように振り分けましょう。メニューは、前菜のサラダやフィンガーフード、メインの肉・魚料理やごはん類、デザート、飲みものという構成を基本に考えるといいでしょう。ただし、スケジュールや料理の腕前に無理のないように。持ってきてもらったお料理をすてきに盛りつけられるように、お皿などは必要に応じて快く貸し出しましょう。招かれた側が、また誘ってね！ といってくれるような気配りを。持ち帰りの容器を用意したり、温め直しが必要な場合や現場で作業するものもあるので、キッチンを使ってもらいましょう。

◆ パーティーまでの流れ
① メニューを決める。
② レシピを書き出して、買い物リスト、タイムテーブルを作成する。
③ 前日は仕込みに集中するので、買い出しはなるべく2日前に済ませる。
　当日の調理で間に合う料理なら、前日までに買い物を済ませる。
④ 前日に野菜だけはゆでておいて、ドレッシングは当日にかけるなどスムースに作業できるように時間配分をする。

Scene01 breakfast party

朝ごはんパーティー

朝食は、おうちで食べるもの。
そんな固定観念をくつがえす提案です。

むかしから「早起きは三文の得」といわれています。
目に映る早朝の空の色や、吸い込む澄んだ空気。
それだけでなんだか得した気分になるのはわたしだけでしょうか。
そんな気持ちのよい時間を気の合う仲間と過ごせたら、
きっとすてきな一日をスタートできるはず。

朝ごはんはパワーの源。
気のきいた朝食を持ちよって、パワーをいただきましょう。
想像するだけでワクワクが止まりません！

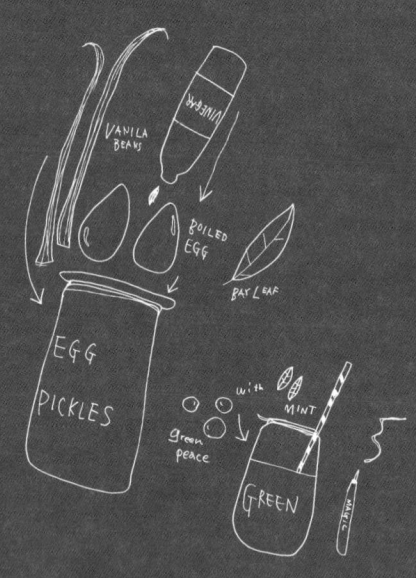

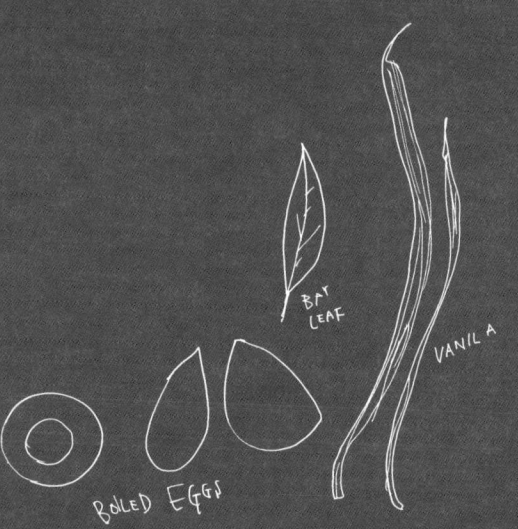

Time TABLE

3 days before　3日前
「ハーバル鶏ハム with グリーンサラダ」
…鶏肉の皮をむき、砂糖と塩をまぶし冷蔵庫で寝かす。

2 days before　2日前
…レシピを決定し、買物リストを作成
前もって買えるものは買い出ししておく。

1 days before　1日前
「ハーバル鶏ハム with グリーンサラダ」
…ハムの形にしてゆで、エルブドプロバンスをまぶして冷蔵庫で冷やす。

「卵のピクルス」
…ゆで卵をピクルス液に浸けて冷蔵庫で寝かす。

On the day　当日
調理、詰め込み

Menu

- グリーンピースとミントの冷製スープ

- フレッシュフルーツ＆フルーツシロップ

- にんじんのバジルサラダ

- キヌアとマンゴー、きゅうりのタブレサラダ

- 卵のピクルス

- フレンチトースト with ナツメグきな粉

- ペースト2種
  黒オリーブのタプナード
  大葉のジェノベーゼ

- ハーバル鶏ハムwithグリーンサラダ

Scene 01
breakfast party

目覚めの一杯！ 朝にぴったりのさわやかスープ
グリーンピースとミントの冷製スープ

【材料】作りやすい分量
グリーンピース（冷凍）	300g
鶏ガラスープ	750ml
EXバージンオリーブオイル	大さじ1
塩、こしょう	適量
ミント	15枚

【作り方】
1. 鍋にオリーブオイルを入れて熱し、グリーンピースを加えて塩、こしょうをふり炒める。
2. 1に鶏ガラスープを加える。一煮立ちしたら弱火で10分煮て火から下ろす。
3. 2が冷めたらミントを加え、ミキサーで撹拌する。味を見て、塩とこしょうで調える。

蓋つき瓶をグラスに！ メッセージはペイントマーカーで書けば水滴にも強い

食べながら好きな味に変化させてたのしむ！
フレッシュフルーツ＆フルーツシロップ

【材料】作りやすい分量
A　オレンジ、グレープフルーツ	各1個
パイナップル	適量
ぶどう	適量
ブルーベリー	適量
キウイ	2個
レモン汁	1/2個分
ミント	適量
シロップ①	
パイナップル	300g
グレープフルーツ	各1個
グラニュー糖	40g
水	50ml
シロップ②	
キウイ	2個
バジル	10枚
グラニュー糖	50g
水	50ml

【作り方】
1. Aはそれぞれ適当な大きさに切ってカップに入れ、レモン汁を少々ふり、ミントを飾る。
2. シロップのフルーツは適当な大きさに切って、それぞれ鍋に入れる。グラニュー糖をまぶし10分ほど置く。
3. 水分が上がってきたら水を加えて弱火で5～6分くらい煮る。
4. 1に3をかける。

Comment

フルーツを半分くらい食べたら、シロップを加えて、炭酸水を注いでもおいしいです。オレンジジュースや牛乳とも合います。フルーツはお好みのものでOKですが、バナナやりんごは酸化して変色しないように、レモン汁をふりかけてから使いましょう。

Scene01　breakfast party

あと一品！テーブルに彩りをプラス
にんじんのバジルサラダ

【材料】作りやすい分量

にんじん	2本
バジル	5枚
にんにく	1かけ
ドライバジル	小さじ1
赤ワインビネガー	大さじ1
オリーブオイル	大さじ2
塩、こしょう	適量

【作り方】
1. にんじんは細切りにして、バジルは適当な大きさに手でちぎる。
2. フライパンにオリーブオイルとつぶしたにんにくを入れ弱火で熱し、きつね色になったらにんにくを取り出す。にんじんを炒め、しんなりとしてきたら、赤ワインビネガーを加え、塩、こしょうをふる。
3. 2をボウルに移し冷ます。ドライバジルを加えてあえ、バジルの葉を散らす。

食材の組み合わせ＆食感でサプライズを
キヌアとマンゴー、きゅうりのタブレサラダ

【材料】作りやすい分量

キヌア	100g
水	200ml
マンゴー	1/2個
きゅうり	1本
プロセスチーズ	30g
A　オリーブオイル	大さじ2
レモン汁	大さじ1
塩、こしょう	適量
ミント	10枚
塩、こしょう	適量

【作り方】
1. マンゴー、きゅうりは角切りにする。プロセスチーズは1cm角に切る。
2. 鍋にキヌアと水を入れ火にかけて、一煮立ちしたら弱火で10分煮る。粗熱が取れたら、Aであえる。
3. ミントを細かく手でちぎる。すべての材料を混ぜ合わせ、塩、こしょうで味を調える。

> カラフルなストローでたのしい雰囲気を演出

見た目のインパクト大！
卵のピクルス

【材料】作りやすい分量
- ゆで卵 —— 6個
- A ┌ 水 —— 200㎖
  │ 白ワイン —— 200㎖
  │ バルサミコ酢 —— 100㎖
  │ しょうゆ —— 100㎖
  │ はちみつ —— 大さじ2
  │ バニラビーンズ —— 1/4本
  └ ローリエ —— 1枚

【作り方】
1. バニラビーンズは切り込みを入れる。
2. 鍋にAの材料を入れ、一煮立ちしたら火から下ろし冷ます。
3. 清潔な密封瓶などに殻をむいたゆで卵を入れ、2を注ぐ。冷蔵庫で1～2日漬ける。

ナツメグの香りに寝ぼけまなこもパッチリ
フレンチトースト with ナツメグきな粉

【材料】4～6人分
- バゲット（2㎝幅） —— 2/3本
- 卵 —— 3個
- 牛乳 —— 180㎖
- 塩、こしょう —— 適量
- バター —— 大さじ1
- A ┌ ナツメグ —— 小さじ1/4
  │ きな粉 —— 大さじ1/2
  └ きび砂糖 —— 大さじ1/2

【作り方】
1. ボウルに卵と牛乳を入れて混ぜ合わせる。バゲットを浸す。
2. フライパンにバターを溶かし、1のバゲットを弱火で両面焼く。
3. 粗熱が取れたら、混ぜ合わせたAを茶こしなどでふりかける。

食欲を刺激するオリーブ＆大葉
ペースト2種

①黒オリーブのタプナード
【材料】作りやすい分量
- 黒オリーブ —— 50g
- ケイパー —— 大さじ1
- バルサミコ酢 —— 30㎖
- EXバージンオリーブオイル —— 50㎖
- 塩、こしょう —— 適量

②大葉のジェノベーゼ
【材料】作りやすい分量
- 大葉 —— 30g
- パセリ —— 10g
- カシューナッツ —— 20g
- パルメザンチーズ —— 20g
- EXバージンオリーブオイル —— 80g
- 塩、こしょう —— 適量

【作り方】
1. ①、②それぞれの材料をミキサーでペースト状になるまで撹拌する。

Comment
タプナードの黒オリーブは、飾り用もとっておくと◎。おとな味＆さわやか風味のペーストはバゲットのお供にぴったり。それぞれ瓶に詰めて持って行きましょう。

Scene 01 breakfast party

Comment

厚手のワックスペーパーは持ちよりパーティーで重宝するアイテム。スライスしたハムをワックスペーパーで巻くと見栄えもいいです。ハムはスライスしたものを持って行ったほうが、現場での手間が省けます。

2日前から仕込むお手製ハムでパーティーの主役に
ハーバル鶏ハム with グリーンサラダ

【材料】作りやすい分量

鶏むね肉	2枚
きび砂糖	大さじ2
塩	大さじ2
エルブドプロバンス	大さじ1〜2
グリーンリーフやわさび菜など	適量
A ┌ 赤玉ねぎ（スライス）	1/6個
├ ケイパー（半分に切る）	6粒くらい
└ ラディッシュ（スライス）	3個

【作り方】

1 鶏むね肉の皮は取り除き、1枚につき大さじ1のきび砂糖をまぶす。次に1枚につき大さじ1の塩をまぶし、冷蔵庫で2日寝かす。

2 1を30分水にさらして塩抜きし、水気を拭き取る。

3 広げたラップに2をのせ、ラップを巻くことで鶏むね肉を棒状にしっかり丸める。ラップの両端は、輪ゴムかたこ糸でしっかりとめる。

4 鍋に湯をたっぷり沸かし、沸騰したら3を入れたらすぐに火を止め、そのまま冷ます。取り出したらラップをはずして、エルブドプロバンスをまぶし、冷蔵庫で1晩冷やす。

5 グリーンリーフやわさび菜を適当に手でちぎり、Aと混ぜ合わせる。スライスした4と一緒に食べる。

SCENE02　SPICE PARTY

スパイスパーティー

持ちより料理は、どうしても作ってから
時間がたったものを食べることになります。

そんな難点を解決してくれる魔法がスパイスです。
味のアクセントにもなり、
料理の味を保つためにも一役買います。
スパイスを使いこなすことができれば、
料理上手の名もほしいまま。

スパイス使いが持ちより料理上達への近道です。
スパイスをテーマにパーティーをすると
新しい発想や発見があって、参考になりますよ。

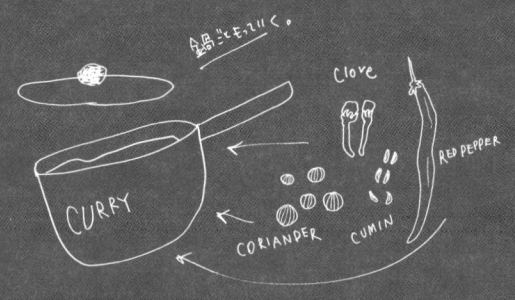

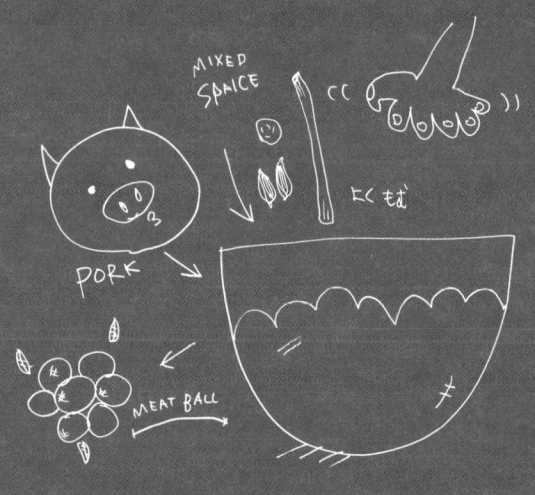

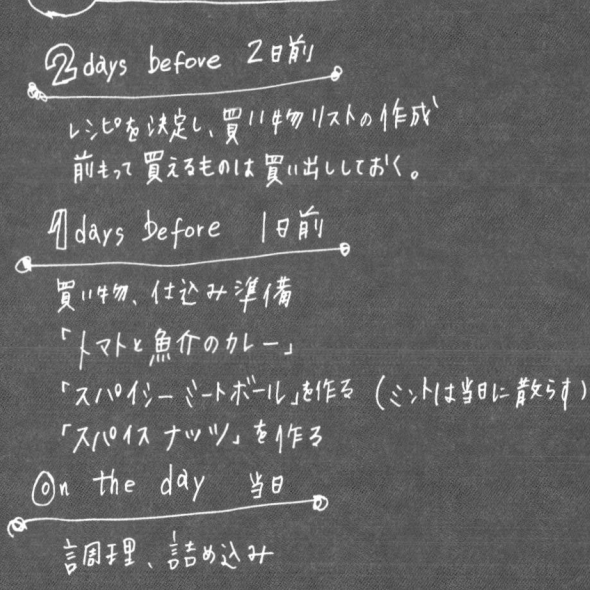

time table

2 days before　2日前
レシピを決定し、買い物リストの作成
前もって買えるものは買い出ししておく。

1 days before　1日前
買い物、仕込み準備
「トマトと魚介のカレー」
「スパイシーミートボール」を作る（ミントは当日に散らす）
「スパイスナッツ」を作る

On the day　当日
調理、詰め込み

MENU

・スパイスヨーグルトディップ with パパド

・紫キャベツクミン

・トマトと魚介のカレー、ターメリックライス

・スパイシーミートボール

・いちごのスパイシーソテー

・スパイスナッツ

SCENE 02
SPICE PARTY

COMMENT

少し珍しいものを持ちよるのもおすすめです。インドのせんべいパパドは通販や東京・アメ横などで購入できます。割れないように、キッチンペーパーなどでつつんで持っていきましょう（p.9 コツその4「割れやすい料理」を参照）。丸い容器がなければ、大きめのジップロックの保存袋に入れてもOKです。手作りのディップは、簡単に作れるわりに料理上級者に見えますよ！

辛い料理を引き立てる清涼感ディップ

スパイスヨーグルトディップ with パパド

【材料】作りやすい分量
- プレーンヨーグルト ———— 330g
- パクチー（みじん切り）———— 適量
- A ┌ クミンパウダー ———— 小さじ1
  │ フェンネルパウダー ———— 小さじ1/4
  │ ガラムマサラパウダー ———— 小さじ1/4
  │ ガーリックパウダー ———— 小さじ1/4
  └ 塩、こしょう ———— 適量
- パパド（市販のもの）———— 10枚
- サラダオイル ———— 適量

【作り方】
1. ボウルに一回り大きいザルをのせ、キッチンペーパーを敷いてヨーグルトを入れる。ラップをして一晩水切りする。
2. 1に、パクチーとAを入れて混ぜ合わせる。
3. パパドはサラダ油で揚げる。

COMMENT

クミンの香りを油に移すテンパリングをすることで、香りをたたせているので、冷めてもおいしい。緑のキャベツでもいいですが、テーブルのアクセントにもなるので、紫キャベツがおすすめです。

箸が止まらないベストコンビネーション

紫キャベツクミン

【材料】4〜6人分
- 紫キャベツ ———— 1/2個
- クミンシード ———— 小さじ1/4
- 白ワインビネガー ———— 大さじ1
- サラダオイル ———— 大さじ1
- 塩、こしょう ———— 適量

【作り方】
1. 紫キャベツは千切りにする。
2. 1に塩を2つまみくらいふってもみ、5分くらい置いたら水気を絞る。
3. 2に白ワインビネガーを回しかけてあえる。
4. フライパンにサラダオイルを入れて熱し、うっすら煙があがったらクミンを加える（テンパリング）。火から下ろし、3に回しかけてよくあえる。塩とこしょうで味を調える。

SCENE02 SPICE PARTY

COMMENT

ジャスミン米はタイ米の高級品。香りがよく洗わなくていいのが特徴です。ホールスパイスから作るので、手作り感があって、料理上手とほめられること間違いなし！ 鍋ごと持って行くのがベストですが、難しければタッパーに入れ、電子レンジで温め直して出しましょう。

酸味と魚介のコク、カレーがなくちゃはじまらない！

トマトと魚介のカレー、ターメリックライス

■トマトと魚介のカレー
【材料】4〜6人分

玉ねぎ（みじん切り）	1個
トマト	2個
A　えび	10尾
いか	1ぱい
ほたて（冷凍）	10個
B　サラダオイル	100ml
ローリエ	1枚
シナモンスティック	1本
赤唐辛子	1本
にんにく、しょうが（みじん切り）	各2かけ
塩	大さじ1
トマト（缶・ダイス）	300ml
水	200ml
白ワイン	100ml

●ホールスパイス

ブラックペッパー	20粒
カルダモン	4粒
クローブ	6粒
コリアンダー	大さじ1
クミンシード	大さじ2

●パウダースパイス

コリアンダー、ターメリック	各大さじ2
ガラムマサラ、パプリカ	各大さじ1

【作り方】

1　すべてのホールスパイスをほんのり色づくまで乾煎りし、すり鉢でパウダー状になるまですりつぶしておく。

2　鍋にBを入れて弱火で熱し、香りがたったら玉ねぎを加え、焦がさないように炒める。

3　玉ねぎがあめ色になったら、にんにくとしょうがを入れて炒める。香りがたったら、Aを加えて炒める。火が通ったら白ワインを加えて煮詰める。

4　3に1とすべてのパウダースパイスを入れて炒め、粉っぽさがなくなってきたら塩を加えて混ぜる。

5　4にトマト（缶）と水を加え、一煮立ちしたら弱火で20分煮る。乱切りにしたトマトを加えてさっと煮る。

■ターメリックライス
【材料】4〜6人

ジャスミン米	3合
水	540ml
ターメリック（パウダー）	小さじ1
サラダオイル	大さじ1
カルダモン（ホール）	2粒
ローリエ	1枚

【作り方】

1　ボウルにジャスミン米を入れて、水を注ぎ、ターメリックを加えてよく混ぜる。サラダオイルを入れ、さらによく混ぜる。

2　1にローリエとカルダモンを潰して加え、炊飯器で炊く。

普段使い慣れていないスパイスにもチャレンジ！

COMMENT

アラビアンミックススパイス（※）は手作りできます。作りやすい分量は、カルダモンパウダー　大さじ2、シナモンパウダー　大さじ2、ナツメグパウダー　大さじ1。すべての材料を混ぜればOK。
スパイスを加えているので、しっかりとした味になります。冷めてもおいしいので、お弁当向きです。

見た目はかわいく、味は刺激的に！
スパイシーミートボール

【材料】24個

豚挽き肉	400g
アラビアンミックススパイス（※）	小さじ1
卵	1個
玉ねぎ（みじん切り）	1/3個
セロリ（みじん切り）	1/3本
パン粉、牛乳	各大さじ3
EXバージンオリーブオイル	大さじ1
塩	小さじ2/3
黒こしょう	適量
ペパーミント（葉）	適量

【作り方】

1 パン粉は牛乳に浸しておく。
2 ボウルに豚挽き肉、アラビアンミックススパイス、塩、黒こしょうを加えてよく混ぜ、卵を加え、さらによく練る。1、玉ねぎ、セロリを加えさらに混ぜ、24等分にして丸める。
3 フライパンにオリーブオイルを熱し、2を片面ずつ約2分こんがりと焼く。蓋をして弱火にし、4分蒸し焼きにする。
4 器に盛り、ペパーミントを散らす。

SCENE02　SPICE PARTY

COMMENT

華やかな色合いなので、ホーローのタッパーなどに入れて持って行けば、そのままテーブルに出すこともできます。

パーティーのテーマに合った
ビビッドカラーを意識して
いちごのスパイシーソテー

【材料】4〜6人分
いちご	600g
ライム	1/2個
はちみつ	小さじ2
バルサミコ酢	大さじ1
EXバージンオリーブオイル	少々
花山椒	小さじ1

【作り方】
1. いちごはへたを取る。ライムの皮をすりおろして、果汁を搾る。
2. フライパンにオリーブオイルを熱し、いちごを強火で一気に炒める。ライムの皮、搾り汁とはちみつ、バルサミコ酢を加える。一煮立ちしたら火から下ろす。
3. 粗熱が取れたら、花山椒を加えて混ぜスライスして半月切りにしたライムを飾る。

COMMENT

おしゃれな密封瓶なら、そのままテーブルに出してOK。乾燥剤を入れておくと、カリカリとした食感をキープできます。

絶妙な甘辛味がクセになるおいしさ
スパイスナッツ

【材料】作りやすい分量
ミックスナッツ（無塩）		250g
卵白		1個分
A	シナモンパウダー	大さじ2
	カルダモンパウダー	小さじ1
	ジンジャーパウダー	小さじ1
	バニラエッセンス	小さじ2
	きび砂糖	50g

【作り方】
1. 卵白を泡立て、Aを加えて混ぜる。ミックスナッツを加え、さらに混ぜる。
2. 150℃のオーブンで30分、時々混ぜながら焼く。

Scene 03 Ethnic Party

エスニックパーティー

東南アジアの国に旅行に行ったような
気分になるエスニックパーティー。
いつもとは一風変わったテーマに、
テンションもあがること間違いなし！

ココナッツミルクやマンゴー、ナンプラーにパクチー、
想像するだけでもおいしそう。
大きめの葉や竹かご、バティック柄やエスニック風の柄の
テーブルクロスがあると、ぐっと本格的な雰囲気を演出できます。

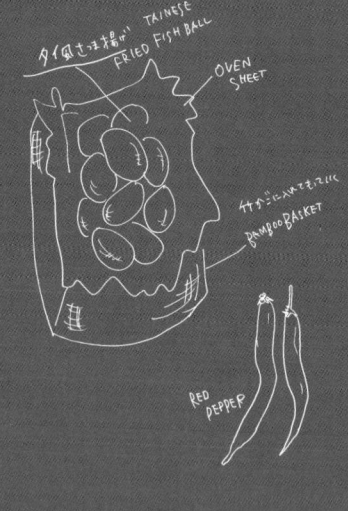

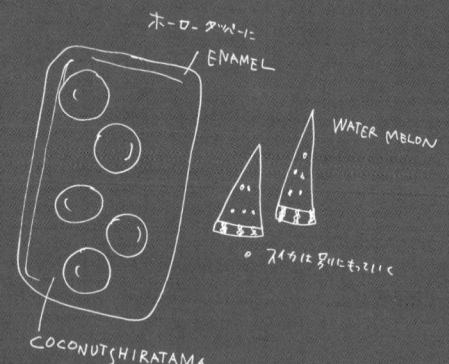

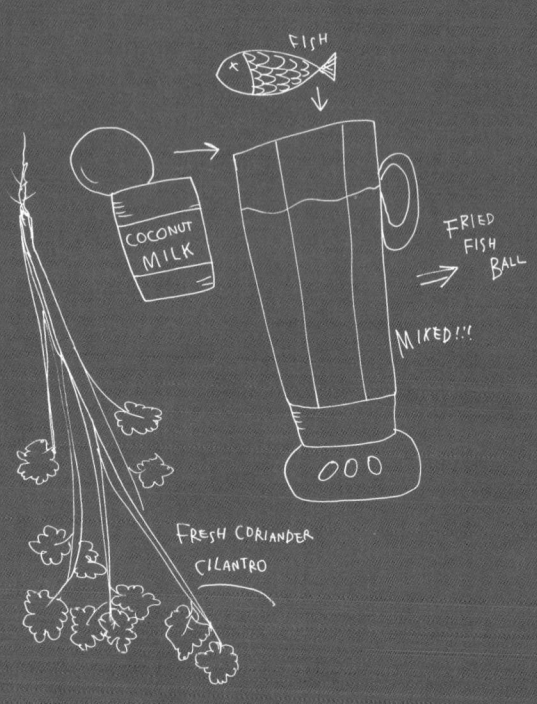

Time TABLE

2days before　2日前
レシピを決定し、買い物リストの作成
前もって買えるものは買い出ししておく

1days before　1日前
買い物・仕込み準備
「塩麹蒸し鶏の香味野菜のせ」
……鶏むね肉を塩麹に漬ける

On the day　当日
調理・詰め込み

Menu

・青パパイアのヤムウーセン

・挽き肉のレタス包み

・タイ風さつま揚げ

・塩麹蒸し鶏の香味野菜のせ

・アスパラフライと野菜のパクチー巻き寿司

・ココナッツミルク白玉 with すいか

Scene 03 Ethnic Party

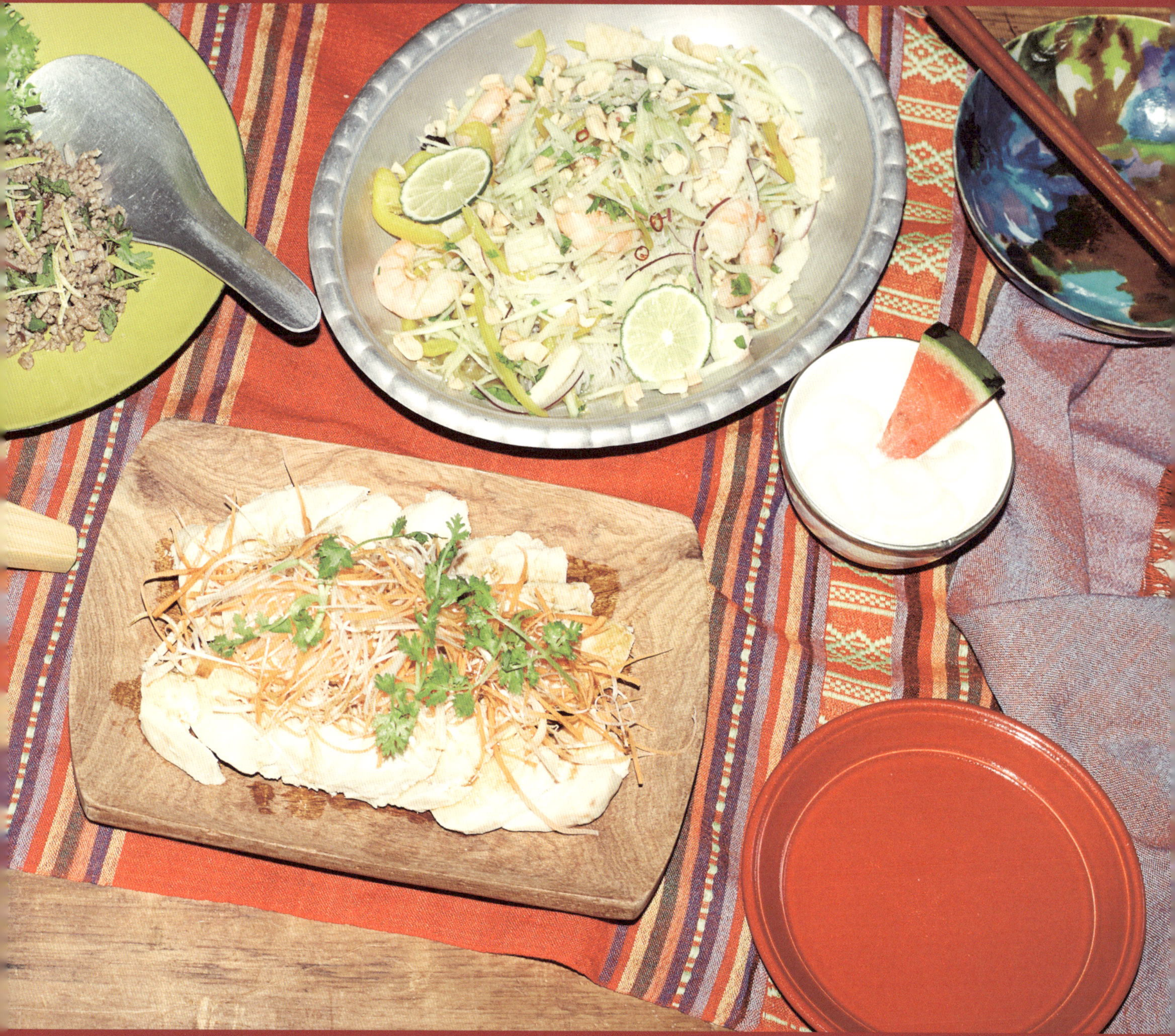

タイ料理パーティーに欠かせない春雨サラダ
青パパイアのヤムウーセン

【材料】4人分

青パパイア	1個
えび	8尾
いか	1杯
赤玉ねぎ（スライス）	1/4個
黄パプリカ（千切り）	1/2個
A ナンプラー	大さじ4
レモン汁、米酢	各大さじ3
きび砂糖	大さじ6
水	大さじ4
にんにく、しょうが（みじん切り）	各2かけ
赤唐辛子（輪切り）	2本
ごま油	大さじ4
B しょうが汁	小さじ2
酒	小さじ2
春雨	40g
ライム（輪切り）	1/2個
パクチー	適量
ピーナッツ	大さじ2

【作り方】

1. 青パパイアはスライサーで千切りにして、水にさらして塩（分量外）をふってもむ。水に30分浸けて洗う。
2. えびは殻を取り除き、背わたを取る。いかは、短冊切りにして、切り込みを入れる。
3. Aの材料を混ぜ合わせる。えび、いかは、Bをまぶしてさっとゆで、さらにBの大さじ2であえる。
4. ボウルに春雨を入れ、熱湯を注いで4分くらい置く。ざるに上げ、食べやすい長さに切る。
5. ボウルに3と4、青パパイア、赤玉ねぎ、黄パプリカを入れる。残りのBを加えて混ぜる。器に盛り、ライム、パクチー、ピーナッツを飾る。

comment

魚介類は、味をつけてからゆでると臭みが抑えられ、時間がたってもおいしいです。青パパイアは、大根でもOK。パクチーは好みで。パクチーの代わりにバジルをちぎって散らしてもおいしいです。

> ライムやレモンの酸味をきかせるのがエスニック料理のポイント

Scene03　Ethnic Party

南国情緒あふれる大きな葉でエスニックパーティーを演出

手づかみで食べるおいしさは格別！
挽き肉のレタス包み

【材料】4人分

牛豚合挽き肉	200g
赤玉ねぎ（スライス）	1/4個
にんにく、しょうが（みじん切り）	各1かけ
塩、こしょう	適量
A ┌ ごま油	大さじ3
├ 黒酢	大さじ2
├ ナンプラー	大さじ1
├ 白ごま	小さじ1
├ しょうが（すりおろし）	1かけ
└ ミント	10枚
パクチー	適量
レモン（皮）	適量
レタス	1/2個

【作り方】

1　フライパンにごま油（分量外）を熱し、にんにくとしょうがを炒める。香りがたったら、牛豚合挽き肉を入れて炒め、塩、こしょうをふる。
2　粗熱が取れたら、ボウルに入れてAを混ぜ合わせる。
3　器に盛り、パクチーとレモンを飾る。
4　レタスで包んで食べる。

comment

パクチーが苦手な方はチャービルでも代替できます。レタスと挽き肉炒めは別々に持って行きましょう。レタスをお皿のようにして、挽き肉炒めをのせると見栄えもいいです。

comment

ビンダルウはレッドカレーペーストや缶詰のタイカレーに、白身魚は刺身の切り落としでもOK。持ち運びには、竹かごの弁当箱などに油切りのためにキッチンペーパーを敷きましょう。冷めてもおいしいさつま揚げで、我が家ではおつまみとしても人気のメニューです。

色鮮やかなマンゴーチリソースと一緒に
タイ風さつま揚げ

【材料】12個分
- えび（むき身） 150g
- 白身魚（刺身） 200g
- にんにく、しょうが ひとかけ
- A
  - ビンダルウペースト 小さじ1
  - ココナッツミルク 大さじ1
  - 卵 1/2個
  - 片栗粉 大さじ1
- B
  - マンゴー（角切り） 1/2個
  - 玉ねぎ（角切り） 1/4個
  - スイートチリソース 50ml
- サラダオイル 適量

【作り方】
1. にんにくとしょうがは、粗みじん切りにする。
2. フードプロセッサーに1とえび、白身魚、Aを入れる。えびが少し残るくらいまで撹拌する。
3. 揚げ油としてサラダオイルを中温に温める。2をスプーンを使って、油に落とし、こんがりと揚げる。
4. フードプロセッサーにBを入れ、なめらかになるまで撹拌する。

> ソースの器やスプーンもパーティーのテーマに合わせてチョイス！

comment

野菜類はキッチンペーパーを敷いたビニール袋に、ドレッシングは瓶などに入れて持って行き、仕上げは現場で行ないます。もしくは、スライスした鶏むね肉と野菜類をドレッシングであえたものを持って行くと、そのままお皿に移すだけでいいので手間いらず。パクチーの代わりに大葉を刻んでもおいしいです。

パクチー＆ナンプラーの香りが
食欲をそそる
塩麹蒸し鶏の香味野菜のせ

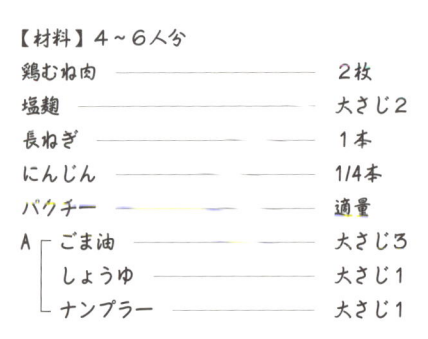

【材料】4〜6人分
- 鶏むね肉 2枚
- 塩麹 大さじ2
- 長ねぎ 1本
- にんじん 1/4本
- パクチー 適量
- A
  - ごま油 大さじ3
  - しょうゆ 大さじ1
  - ナンプラー 大さじ1

【作り方】
1. 前日に、鶏むね肉を塩麹に漬けておく。
2. 塩麹を拭き取り、蒸し器で15分くらい蒸す。竹串を刺してみて、透明な肉汁が出たら取り出す。粗熱が取れたらスライスする。
3. 長ねぎは細い千切りに、にんじんはスライサーで千切りにして、氷水にさらす。ざるに上げ、水気を切る。
4. 器に2を並べ、3をのせる。食べる直前に混ぜ合わせたAをまわしかけ、手でちぎったパクチーをのせる。

Scene03　Ethnic Party

comment

竹かごのお弁当箱に葉っぱを敷き、その上にオーブンシートを敷けばご飯はくっつきません。パクチーはルッコラに、黒ごまは白ごまに代えてもおいしい。

海苔は内、ごまは外！驚きのある巻きものに
アスパラフライと野菜のパクチー巻き寿司

【材料】巻き寿司2本分
- 炊いた白米（黒米入り） 300g
- A ┌ 米酢 40ml
-   │ きび砂糖 大さじ1と1/2
-   └ 塩 小さじ1/2
- アスパラガス 2本
- パン粉 大さじ2
- パルメザンチーズ 大さじ1
- 強力粉、卵、サラダオイル 適量
- 海苔 全形1枚
- 生ハム 2枚
- マンゴー 1/4個
- パクチー 適量
- 黒ごま 大さじ1

【作り方】
1. Aを合わせてすし酢を作る。飯台（あれば）に炊いた白米を入れて、すし酢を加え、うちわであおぎながらしゃもじで切って酢飯を作る。
2. アスパラガスは茎の方の皮をむく。強力粉、塩とこしょう（分量外）をふった溶き卵、パルメザンチーズを混ぜたパン粉にアスパラガスをつける。フライパンに1cmくらいのサラダオイルを入れ、揚げ焼きする。
3. 巻きすに半分に切った海苔をのせ、9割くらいの酢飯を薄く広げる。裏返して、生ハムを広げ、残りの酢飯を上と下にのせる。中央に2とマンゴー、パクチーをのせ手前から巻く。
4. バットか大きめの皿に黒ごまを広げ、3の寿司を転がして、表面に黒ごまをつける。6等分に切る。

comment

ココナッツミルク、白玉、すいかは別々の容器で持って行きます。

直前まで冷やしておくとさらにおいしい
ココナッツミルク白玉 with すいか

【材料】4〜6人分
- A ┌ ココナッツミルク 200ml
-   │ 牛乳 400ml
-   │ きび砂糖 50g
-   └ コーンスターチ 大さじ1
- コアントロー（あれば） 小さじ1/2
- 白玉粉 80g
- 水 80ml
- すいか 適量

【作り方】
1. 鍋にAの材料を入れ、弱火にかける。混ぜながら溶かしたら、火から下ろしコアントローを加え冷ます。
2. ボウルに白玉粉を入れ、水を少しずつ加える。耳たぶくらいのかたさになったら丸める。
3. 鍋にたっぷりの湯を沸かし、沸騰したら2を入れ、浮いてきたら冷水にとり冷ます。
4. 器に3とすいかを入れ、1を注ぐ。

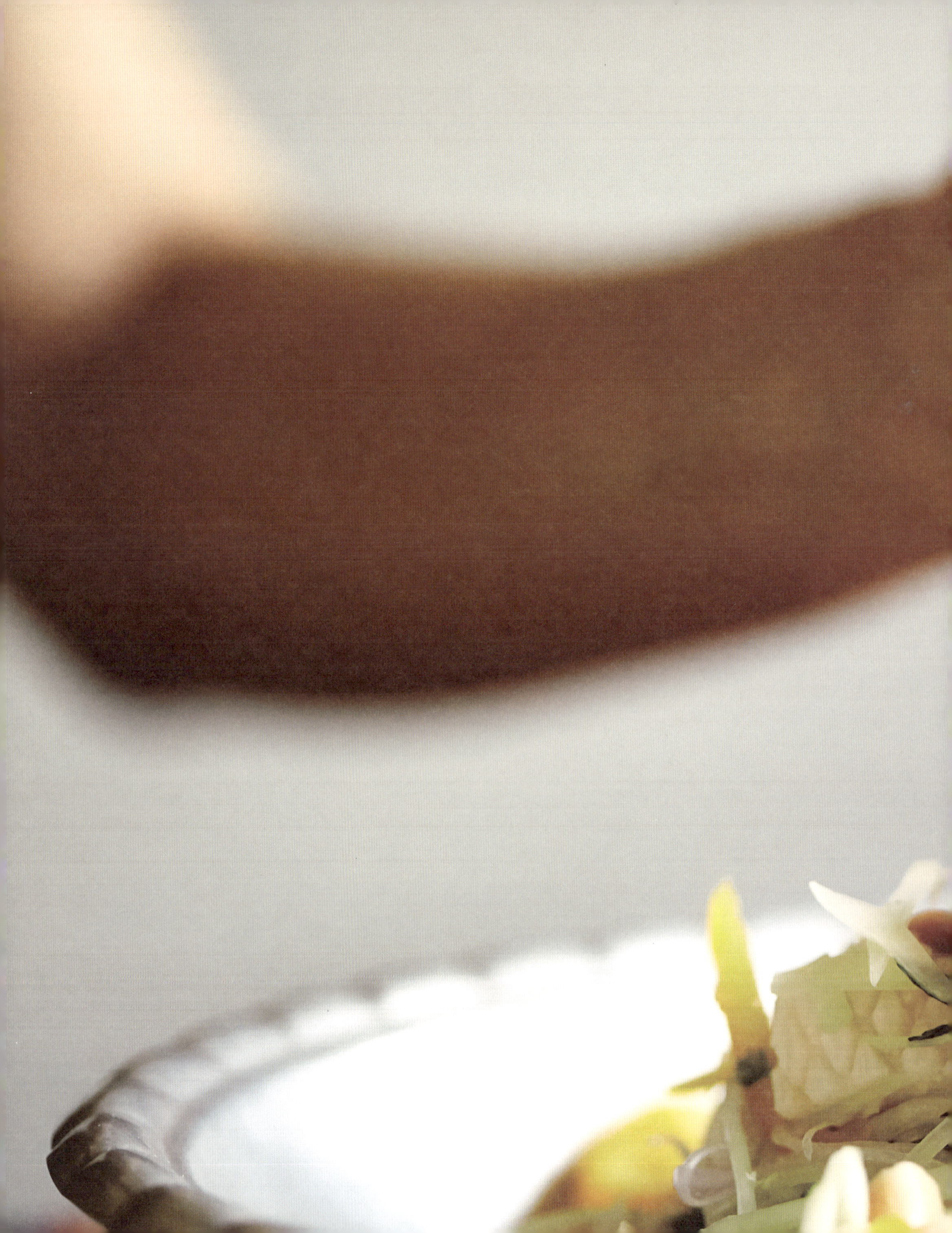

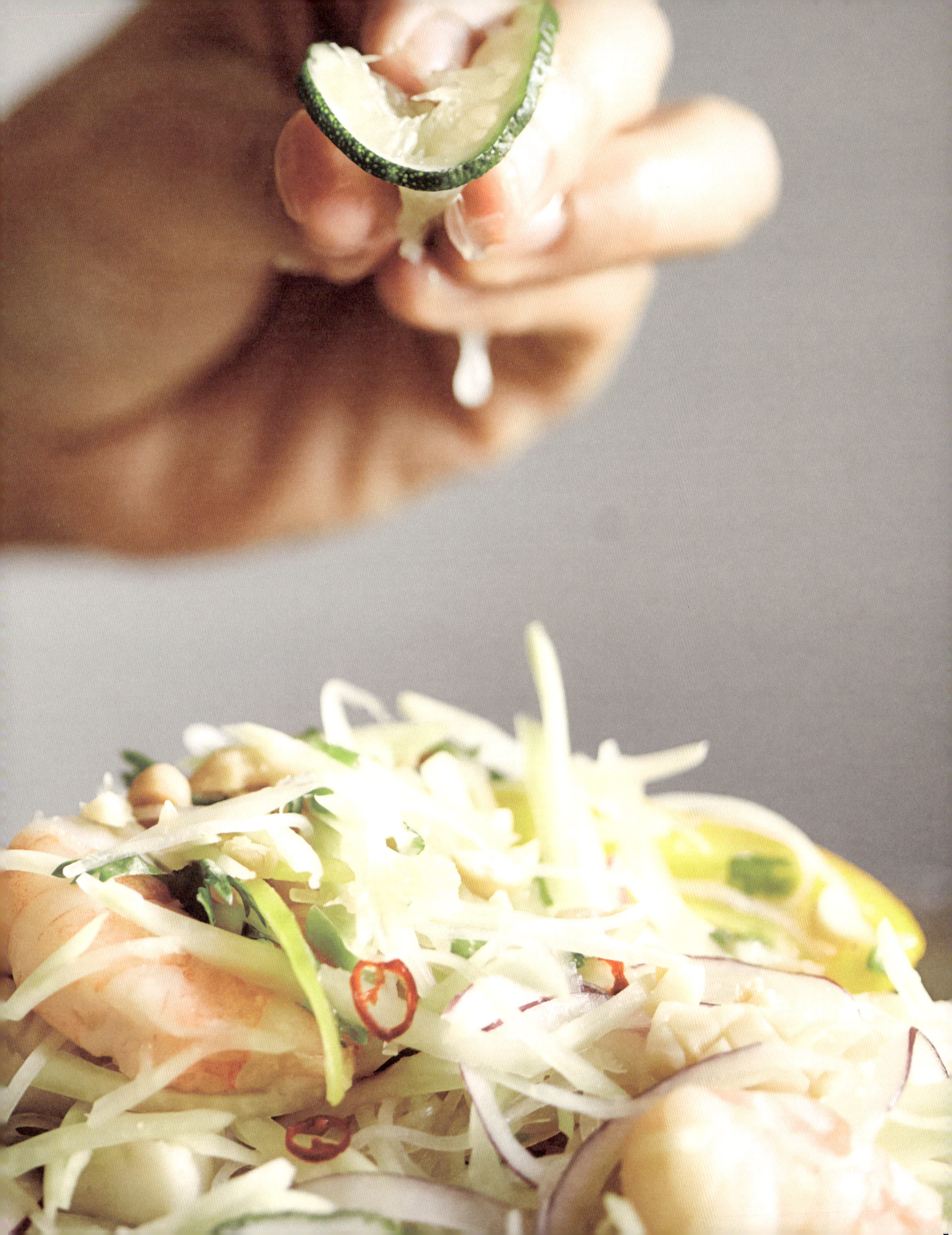

Scene04 MakiMaki party

巻きまきパーティー

「どの具材にしようかな〜?」
「この組み合わせ、おいしいよ!」
「わたしは、コレとコレが好き!」
巻いて、挟んで、味比べして。
思わず会話がはずむパーティーです。

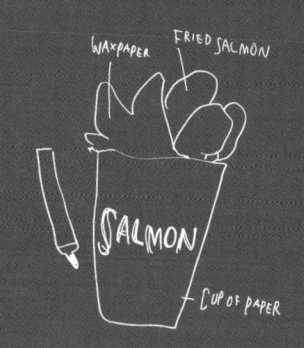

それぞれの人の好みで具材をカスタマイズできるって、
クリエイティブで楽しい。
巻くものは市販品でもOK。
やわらかい食材にコリコリとした食感のものを、
甘いものにピリっと辛い味を合わせてみる。
オリジナルの組み合わせで、ぜひ個性を発揮してください!

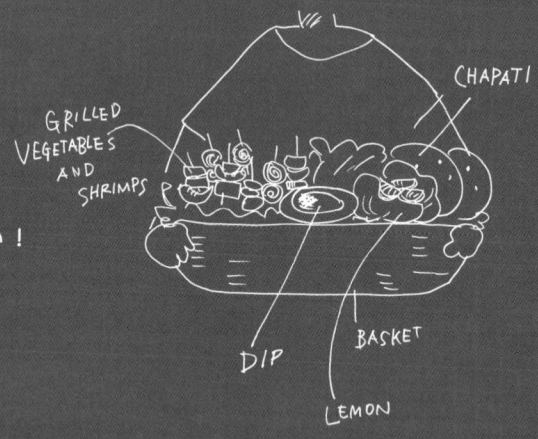

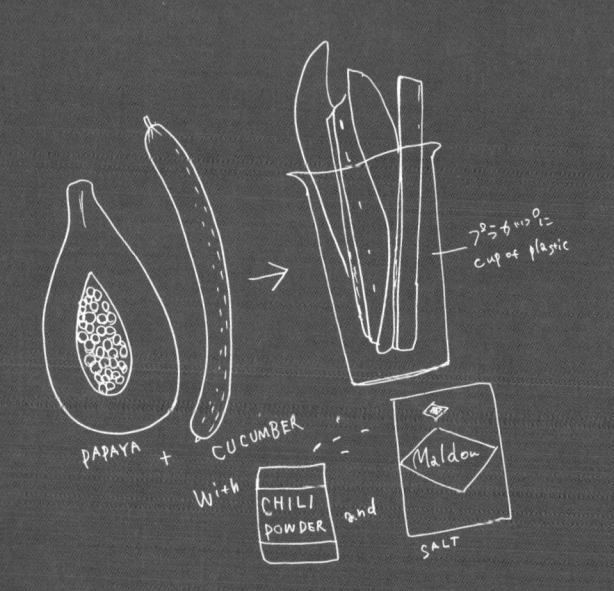

■TIMETABLE■

2 days before 2日前
.... レシピを決定し、買い物リストの作成
前もって買えるものは買い出ししておく

1 days before 1日前
.... 買い物・仕込み準備
「チリコンカン」を作る(チーズは当日かける)
「レバーペースト」を作って冷凍する
「スパイシーチキン」を作る
「サルサソース」を作って冷蔵庫で寝かす。

On the day 当日
.... 調理・詰め込み

Menu

・野菜とえびのグリル with ディルマヨネーズ

・パパイアときゅうりのチリパウダー

・チリコンカン

・にんじんとだいこんのなます

・レバーペースト

・スパイシーチキン

・鮭フリッター

・サルサソース

・チャパティ

Scene 04
MakiMaki party

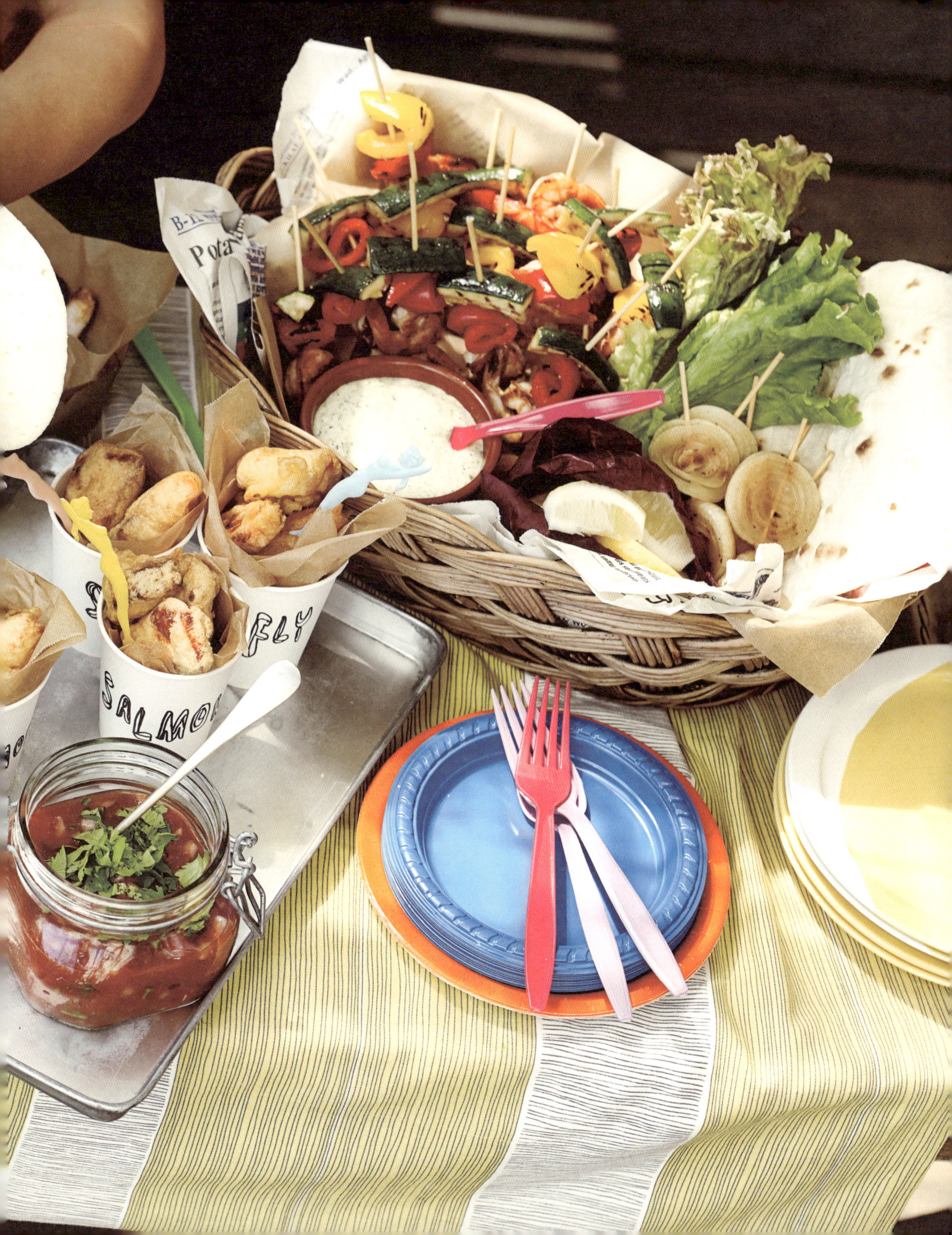
FLY
SALMO

Comment

串は、かごに敷いたワックスペーパーに刺しておくといいでしょう。

大きな器に格好よく盛りつけて華やかに
野菜とえびのグリル with ディルマヨネーズ

【材料】串20本分
- 黄・赤パプリカ ── 各1個
- ズッキーニ ── 1本
- 玉ねぎ ── 1個
- えび ── 20尾
- 塩、こしょう、オリーブオイル ── 適量

■ディルマヨネーズ
- ディル、パセリ（葉） ── 各5g
- マヨネーズ ── 50g
- 粒マスタード ── 大さじ2

【作り方】
1. 黄・赤パプリカはへたとわた、種を取り除き、10等分に切る。ズッキーニは拍子切りにする。玉ねぎは12等分の輪切りにして、爪楊枝で刺しておく。えびは殻を取り除き、背わたを取る。
2. 1をそれぞれ塩とこしょうをふり、オリーブオイルをかけて焼く。
3. 粗熱が取れたら、パプリカ、ズッキーニ、えびを竹串に刺す。玉ねぎも竹串に刺す。
4. フードプロセッサーにディルとパセリ、マヨネーズの半量を入れて撹拌する。全体がなじんだら、残りのマヨネーズ、粒マスタードを加えてさらに撹拌する。

手軽に作れるインドの家庭の味
チャパティ

【材料】8〜10枚
- 薄力粉 ── 300g
- 塩 ── ふたつまみ
- 水 ── 150ml
- 強力粉（打ち粉） ── 適量

Comment
テフロン加工のフライパンで、油は使わずに焼きます。チャパティのほかに、「巻くもの」として、ピタパンやトルティーヤもおすすめ。市販品のものでもOK！

【作り方】
1. ボウルに薄力粉と塩を入れ、水を少しずつ加えて練る。10分くらいこねたら、8〜10等分にする。打ち粉をしてめん棒で丸く伸ばす。
2. フライパンを温め、1を両面焼く。

Scene04　MakiMaki party

生野菜にチリパウダーをかけるだけ
パパイアときゅうりのチリパウダー

【材料】4〜6人分
きゅうり	2本
パパイア	1個
塩（マルドン）、チリパウダー	適量

【作り方】
1. きゅうりは拍子切り、パパイアはりんごのように切る。
2. 塩とチリパウダーをふりかける。

チャパティに挟んでタコス風に
チリコンカン

【材料】4〜6人分
玉ねぎ（みじん切り）	1個
豚挽き肉	300g
レッドキドニー（水煮）	120g
にんにく（みじん切り）	2かけ
オリーブオイル	大さじ2
A　トマト（缶・ダイス）	600㎖
チリパウダー	小さじ1
粗塩	小さじ1と1/2
黒こしょう、きび砂糖	ひとつまみ
ローリエ	1枚
赤ワイン	大さじ2
チェダーチーズ	適量

【作り方】
1. フライパンにオリーブオイルと玉ねぎを入れて熱し、玉ねぎがしんなりしてきたらにんにくを加える。香りがたったら豚挽き肉を加え、さらに炒め混ぜる。
2. 1に水気を切ったレッドキドニーとAを加え、弱火で15分煮る。
3. チェダーチーズをかける。

カラフル＆ポップなカトラリーでワイワイ感アップ！

Comment
鶏レバーの臭み取りは牛乳の代わりに水を使っても効果があります。前日から冷凍しておいて、当日は自然解凍して食べます。

サッと作れるパーティーメニューの名脇役
にんじんとだいこんのなます

【材料】4～5人分
- にんじん（千切り） 1本
- だいこん（千切り） 1/3本
- パクチー 適量
- A ┌ 酢 大さじ3
  ├ きび砂糖、ナンプラー 各大さじ1/2
  └ 塩、こしょう 適量

【作り方】
1. にんじんとだいこんはそれぞれ塩もみ（分量外）して水分を絞る。にんじんはさっと湯がいて冷ましながら水気を切る。
2. ボウルに1を入れ、混ぜ合わせたAであえる。パクチーを飾る。

牛乳に浸すひと手間をおしまずに！
レバーペースト

【材料】作りやすい分量
- 鶏レバー（一口大） 400g
- 牛乳（または水） 適量
- 玉ねぎ（みじん切り） 1/2個
- にんにく（みじん切り） 1かけ
- 白ワイン 100ml
- ブーケガルニ 1袋
- 赤ワインビネガー 大さじ1
- 生クリーム 大さじ1
- EXバージンオリーブオイル、塩、こしょう 適量
- ピンクペッパー あれば適量

【作り方】
1. 鶏レバーは牛乳に1時間くらい浸して臭みを取る。
2. 鍋にオリーブオイルを入れて熱し、玉ねぎを炒める。透明になってきたらにんにくを加えて炒め、香りがたったら塩とこしょうをふる。
3. 1を加えて炒め、レバーの色が変わってきたら、白ワインとブーケガルニを加えて煮る。8割くらいの水分が煮詰まったら火から下ろす。
4. 完全に冷めたらブーケガルニを取り出し、フードプロセッサーに入れる。赤ワインビネガーと生クリームを加えて撹拌し、塩、こしょうで味を調える。容器に移し、冷蔵庫で冷やす。あればピンクペッパーを散らし、黒こしょう（分量外）をふる。

合わせる食材を選ばないシンプルな味つけ
スパイシーチキン

【材料】4～6人分
- 鶏むね肉 2枚
- A ┌ チリパウダー 小さじ1
  ├ ガーリックパウダー 小さじ1/2
  └ コリアンダーパウダー 小さじ1/2
- 塩、こしょう、サラダオイル 適量

【作り方】
1. 鶏むね肉に塩とこしょうをふって、Aをまぶす。10分くらい置く。
2. フライパンにサラダオイルを入れて熱し、1を皮の面から焼く。両面に焼き色がついたら、180℃のオーブンで10～12分焼き、中まで火が通ったら取り出す。粗熱が取れたら5mm幅に切る。

Scene04　MakiMaki party

いつもとはひと味違うサーモン料理
鮭フリッター

【材料】4～6人分
鮭（冊）	500g
塩、こしょう	適量
ガーリックパウダー	小さじ1
しょうゆ	大さじ1
卵	2個
小麦粉	50g
サラダオイル	適量

【作り方】
1. 鮭は一口大に切って、塩とこしょうをふる。ビニール袋に入れ、ガーリックパウダーとしょうゆをまぶし、1時間冷蔵庫に置く。
2. ボウルに卵白を入れ、塩ひとつまみを加え、泡立て器でメレンゲを作る。逆さにしても落ちてこないくらいまで泡立てる。
3. 別のボウルに卵黄と小麦粉、大さじ3の水（分量外）を入れ、混ぜ合わせる。2を2回に分けて加え、その都度よく混ぜる。
4. 1の水分をしっかり取ったら3にくぐらせる。鍋にサラダオイルを入れ、中温で揚げる。

Comment
一晩置くことで、にんにくの風味がまろやかになります。ハラペーニョソースは好みで辛さを調節してください。

巻きまきパーティーのマストメニュー
サルサソース

【材料】作りやすい分量
トマト（缶・ダイス）	200g
赤玉ねぎ（みじん切り）	1/2個
パクチー（みじん切り）	ふたつまみ
レモン汁	1/2個分
ハラペーニョソース	小さじ1～2
塩、こしょう	適量
にんにく（みじん切り）	1かけ

【作り方】
材料をすべて混ぜ合わせ、冷蔵庫で一晩置く。

紙コップに小分けにしておくと食べやすい！立食パーティーにも◎

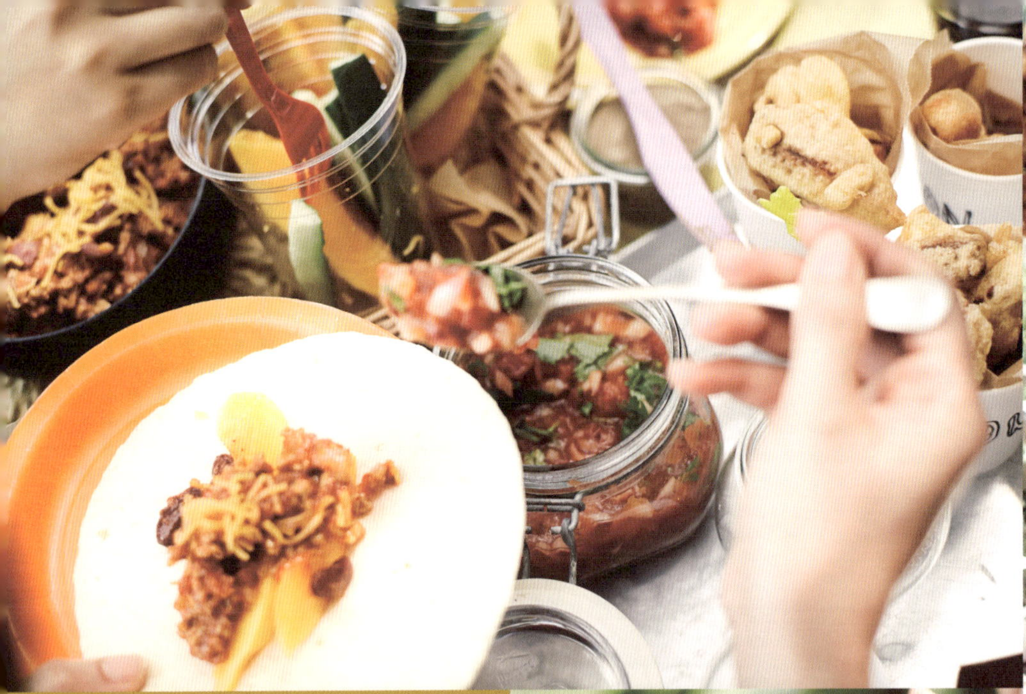

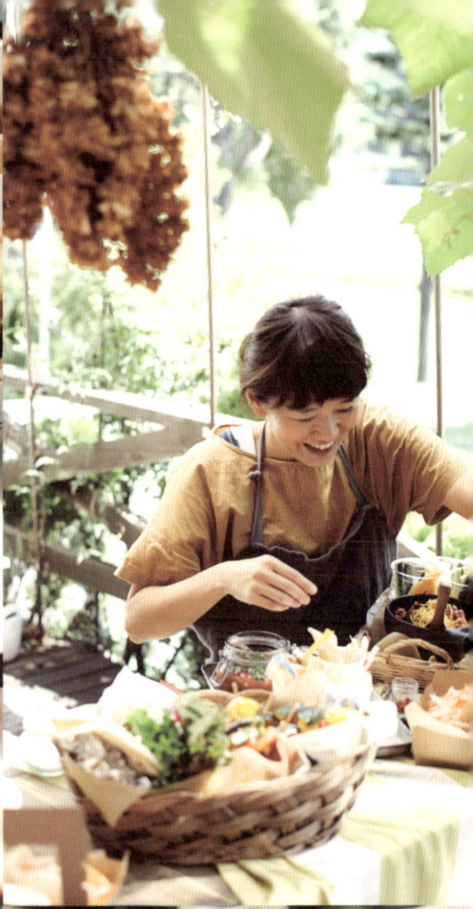

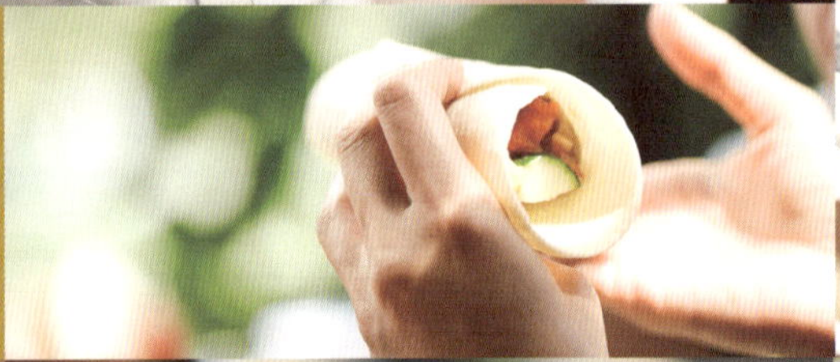

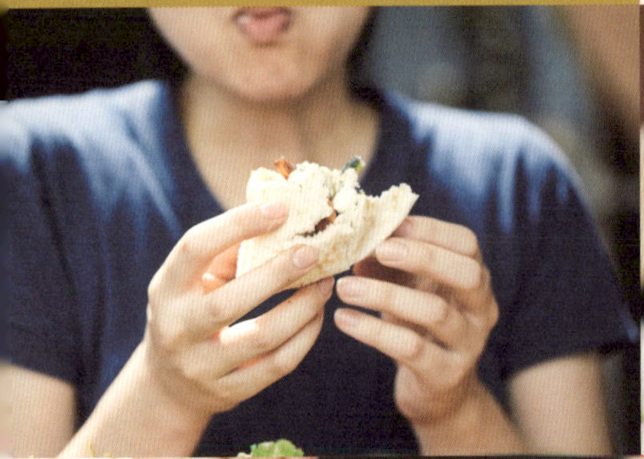

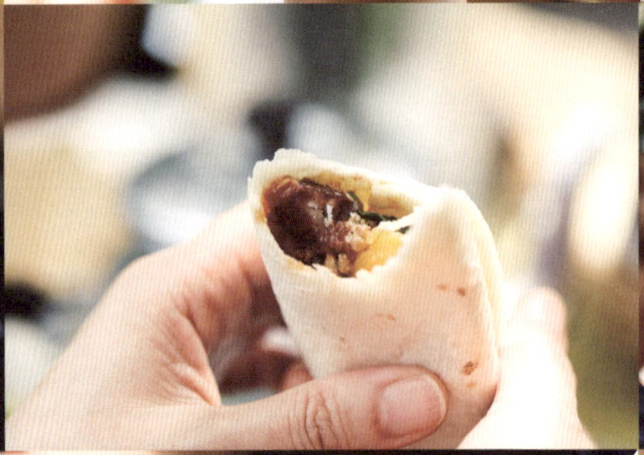

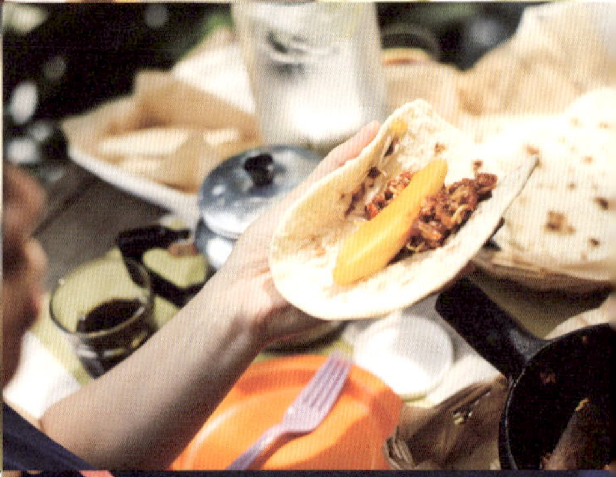

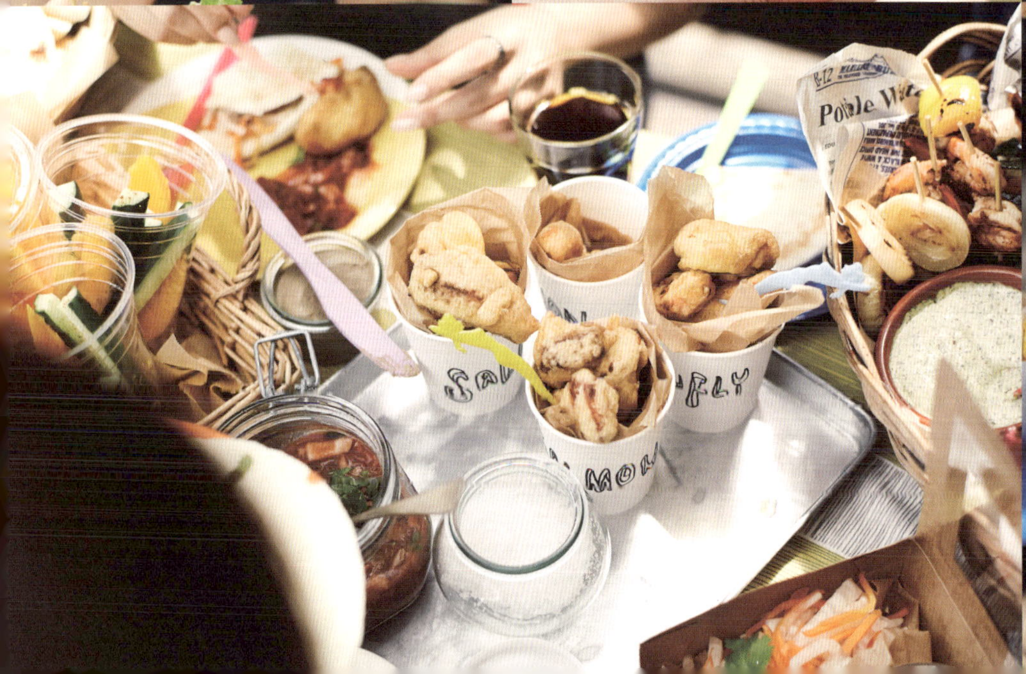

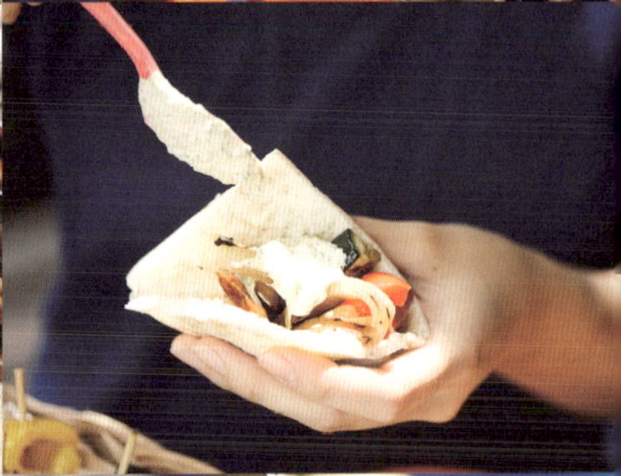

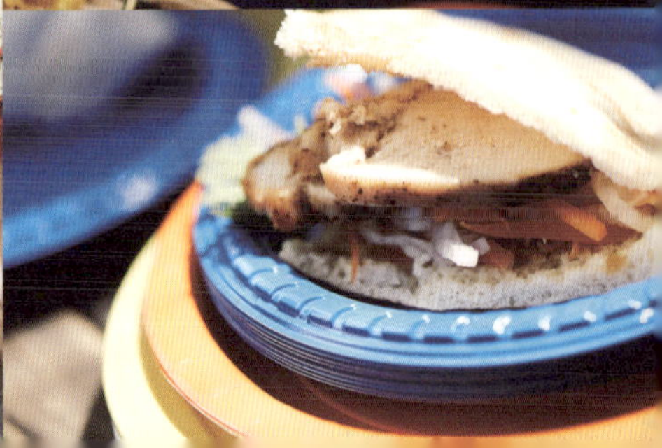

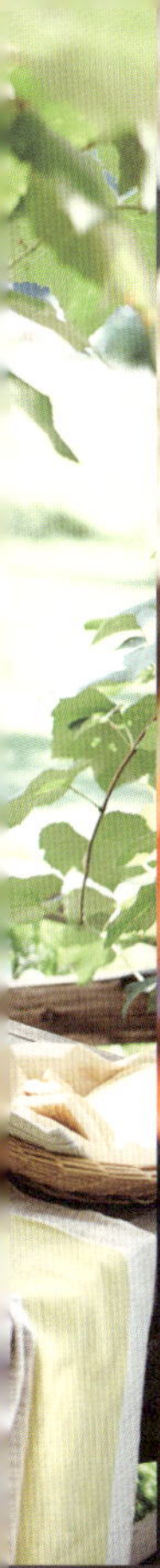

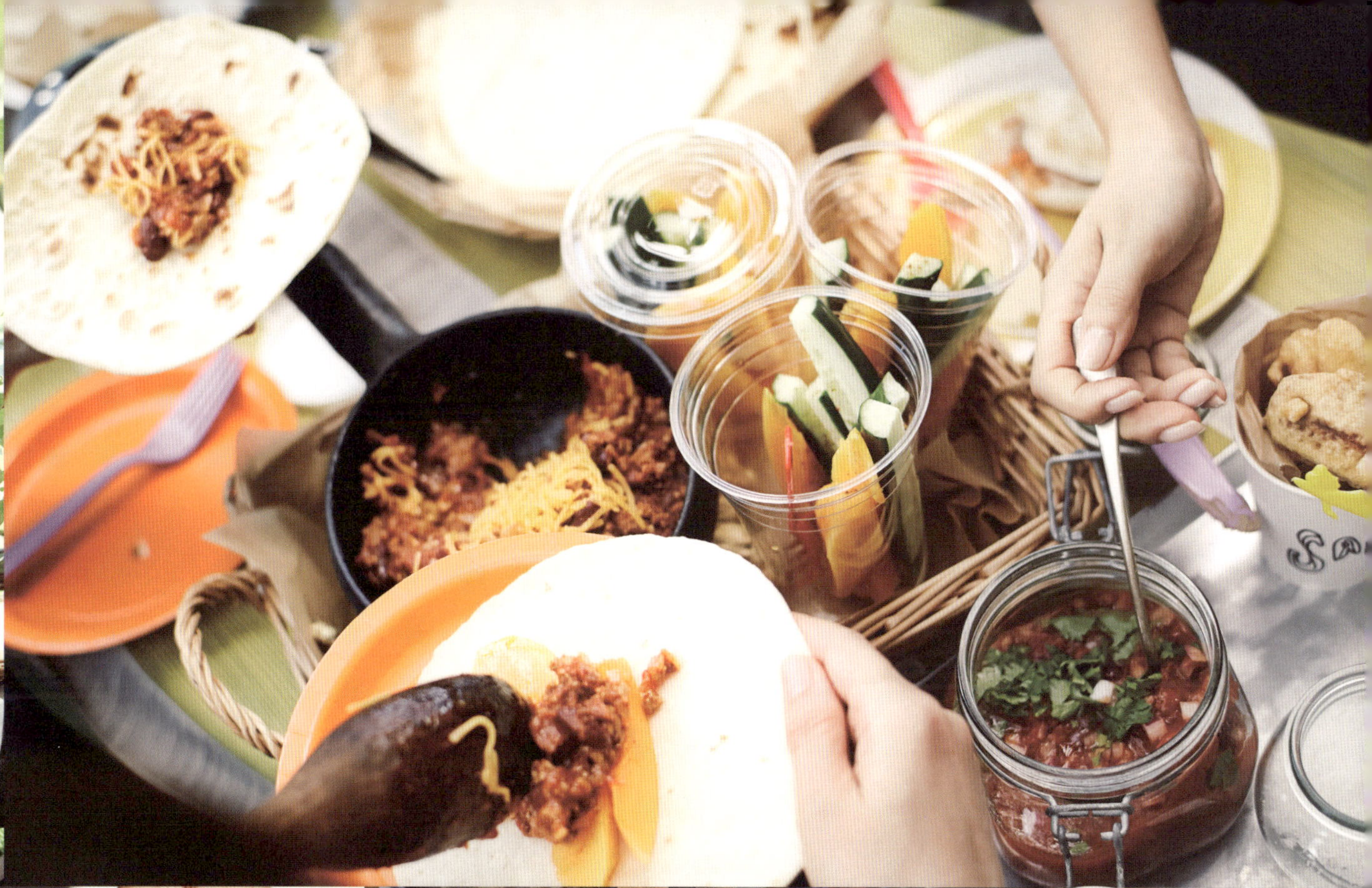

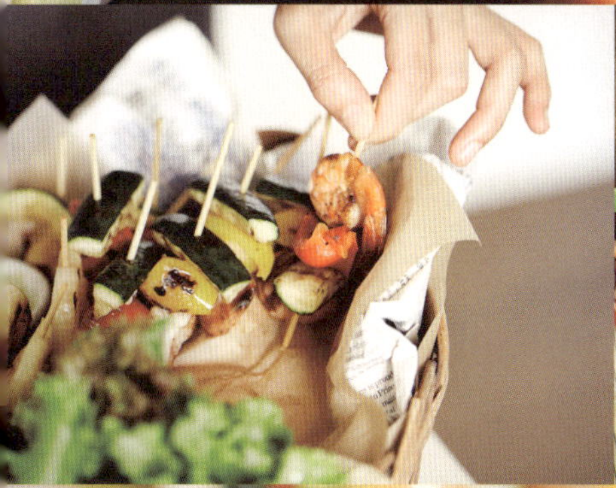

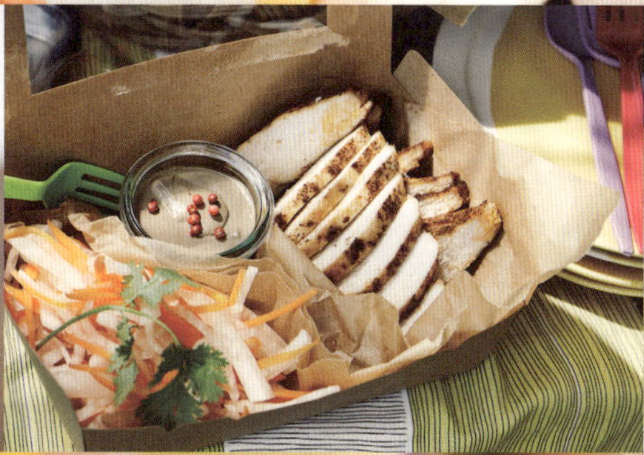

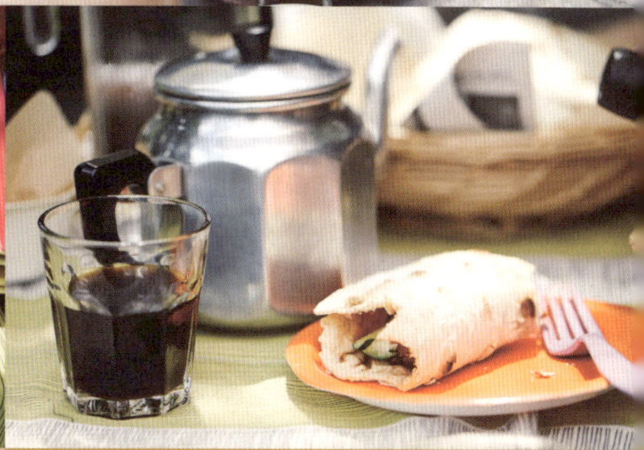

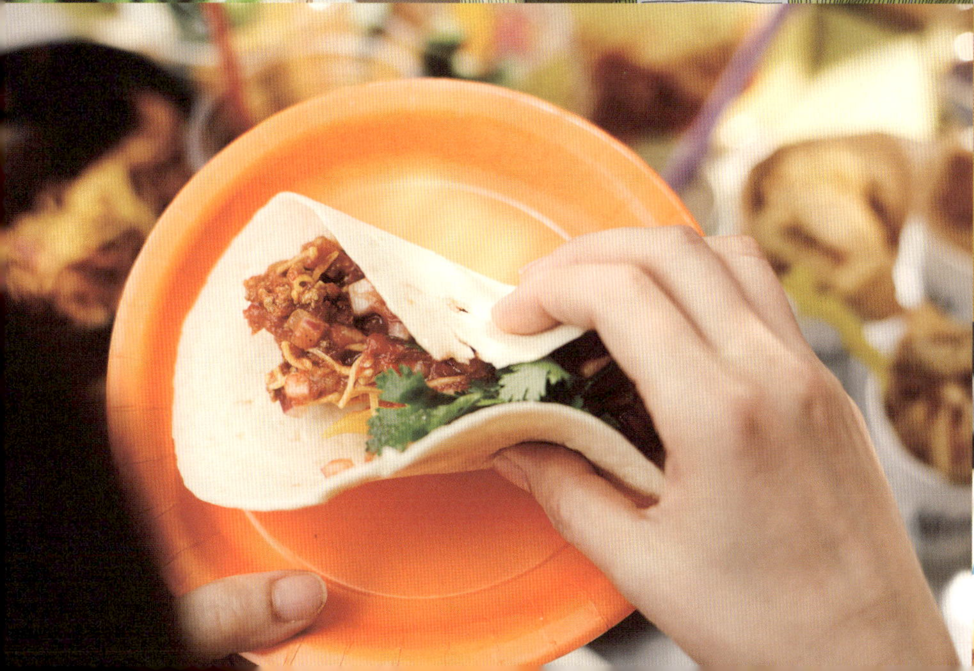

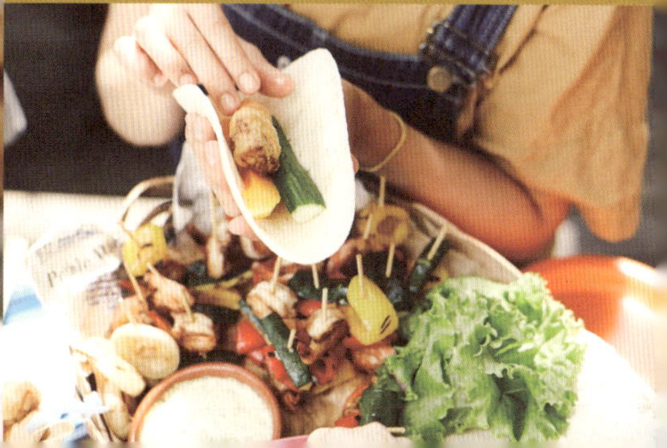

SCENE 05　STEAM PARTY

スチームパーティー

主役は「セイロ」。
セイロで蒸すと素材にゆっくりと火が通って
やさしい味になります。

餃子を包みながら、蒸したてをいただく。
そんなゆったりと流れる
ぜいたくな時間を過ごすパーティーの提案です。

餃子の皮が上手にできなくたって、きっとたのしい。
プリプリとしておいしいので
ぜひ手作りにトライしてみてください。

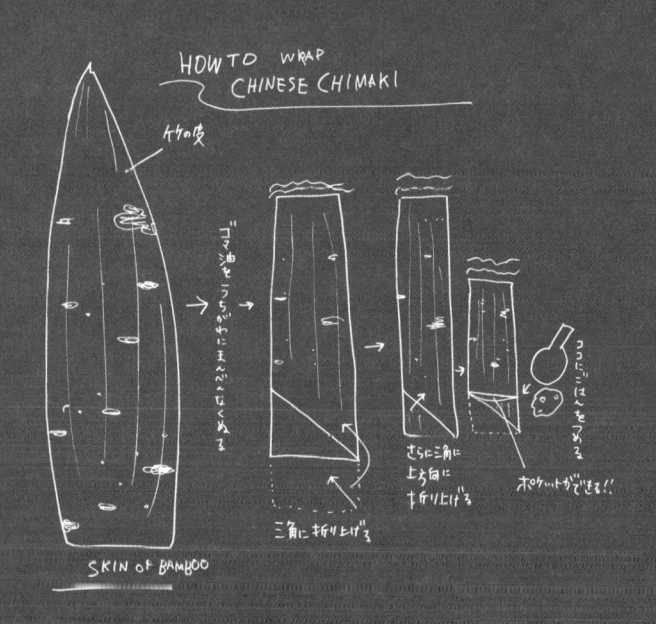

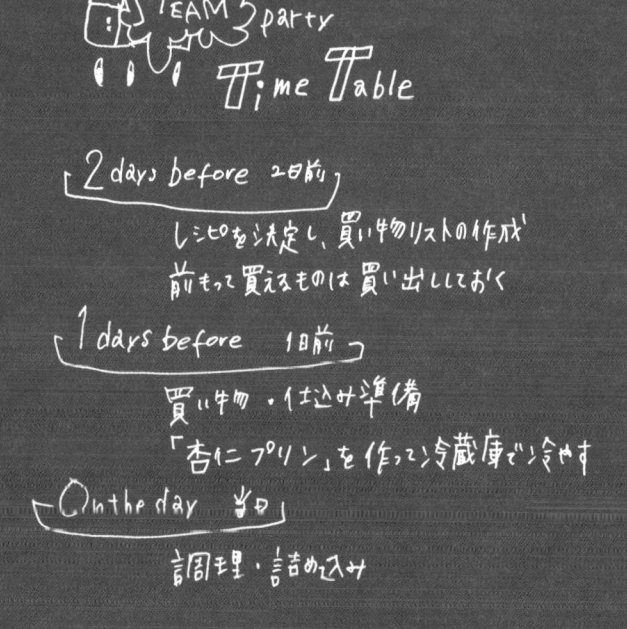

LET'S ENJOY THE STEAM

餃子の中身は好きなものを
もちろん
← CONTENTS →

HOW TO WRAP CHINESE CHIMAKI

イケの皮
ゴマ油をうっすらまんべんなくぬる
三角に折り上げる
さらに三角に上方向に折り上げる
コツにごはんをそえる
ポケットができる!!
SKIN of BAMBOO

STEAM party
Time Table

2 days before　2日前
レシピを決定し、買い物リストの作成
前もって買えるものは買い出ししておく

1 days before　1日前
買い物・仕込み準備
「杏仁プリン」を作って冷蔵庫で冷やす

On the day　当日
調理・詰め込み

MENU

- ディップ3種
  - バーニャカウダ
  - ごま油&塩
  - オリーブオイル&辛みそ

- スチーム野菜

- 中華ちまき

- 蒸し餃子2種
  - えびとクワイとしいたけ
  - なすと鶏肉バジル

- いかとセロリのレモンナンプラー蒸し

- 杏仁プリン

SCENE 05
STEAM PARTY

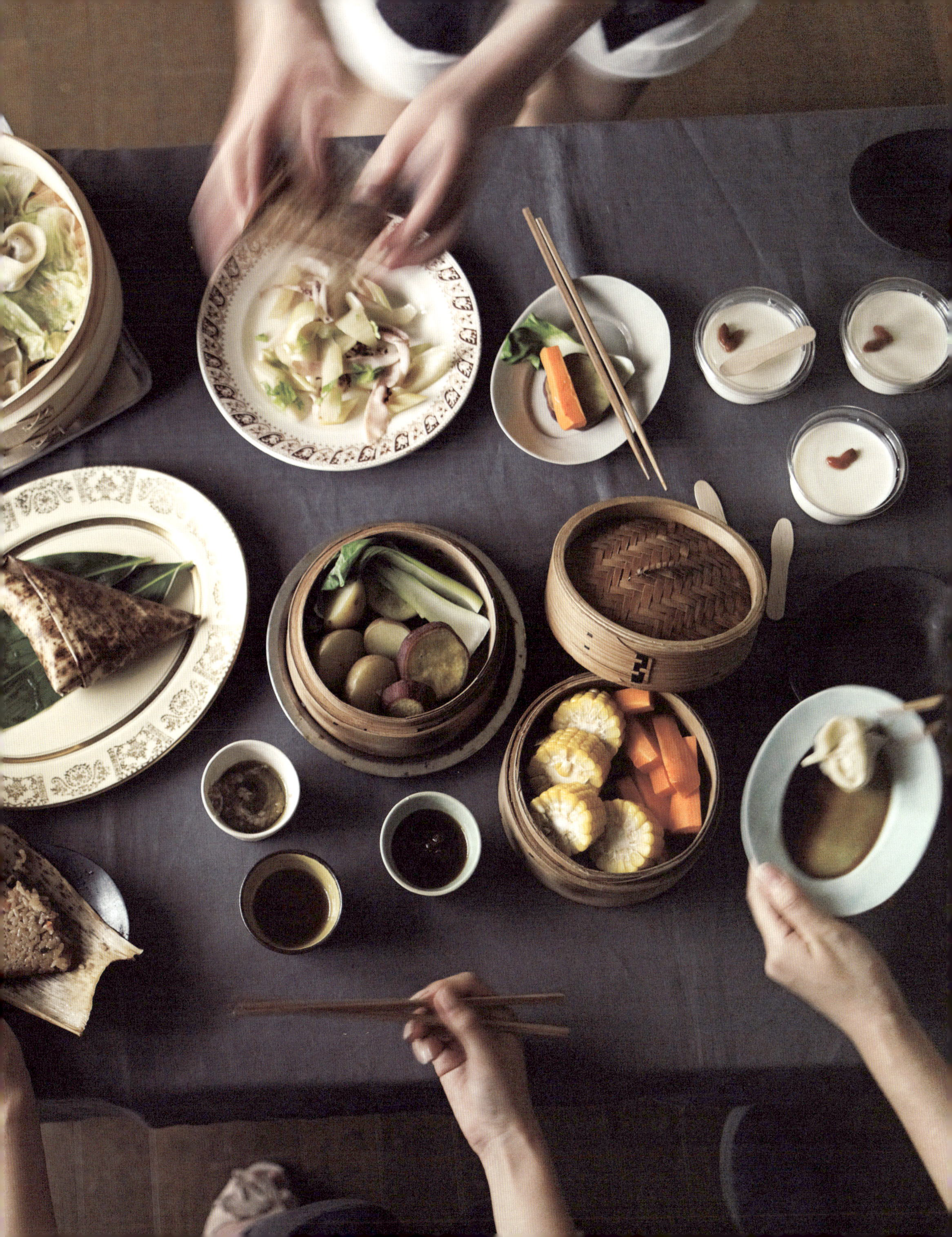

いろいろな料理に応用できる
ディップ3種

■バーニャカウダ
【材料】作りやすい分量
にんにく	2かけ
オリーブオイル	100ml
アンチョビ	10尾
黒こしょう	適量

【作り方】
1 にんにくは皮つきのまま魚焼きグリルで8分焼く。粗熱が取れたら皮をむいて潰す。アンチョビは粗く刻む。
2 フードプロセッサーに1と黒こしょうを入れて撹拌する。

■ごま油&塩
【材料】作りやすい分量
ごま油	大さじ3
塩	小さじ1/4

【作り方】
ごま油と塩を混ぜ合わせる。

■オリーブオイル&辛みそ
【材料】作りやすい分量
オリーブオイル	大さじ3
豆板醤	小さじ1/2
合わせみそ	大さじ1

【作り方】
オリーブオイル、豆板醤、合わせみそを混ぜ合わせる。

好みの野菜をとにかく蒸す！
スチーム野菜

■バーニャカウダ
【材料】作りやすい分量
さつまいも（輪切り）	1本
とうもろこし（輪切り）	1本
じゃがいも	3〜6個
にんじん（拍子切り）	1本
チンゲン菜	2株

【作り方】
1 さつまいもとどうもろこしは輪切りにする。じゃがいもは半分に切る。にんじんは拍子切りにする。チンゲン菜は一枚ずつ葉をはがす。
2 よく蒸したセイロに野菜を入れる。チンゲン菜は約2分、にんじんは約3分、さつまいも、とうもろこし、じゃがいも、は約6〜10分を目安に、竹串がスッと通るまで蒸す。

SCENE05　STEAM PARTY

COMMENT
竹の皮に包むと見栄えがよく、竹のとてもいい香りがご飯に移ります。包むのが手間だという場合は、セイロで蒸す時に下に敷くだけでもOK。セイロのまま持って行くのも演出のひとつ。

見栄えよし、香りよし。竹の皮が大活躍
中華ちまき

【材料】7個分

米	1と1/2カップ
もち米	1と1/2カップ
ベーコン（ブロック・1cm角切り）	150g
ザーサイ（みじん切り）	大さじ2
しょうが（みじん切り）	1かけ
たけのこ（1cm角切り）	100g
にんじん（1cm角切り）	1/2本（約60g）
干ししいたけ（400mlの水で戻し、1cm角切り）	5枚
ねぎ（みじん切り）	約2/3本
ごま油	大さじ1
A　しょうゆ	大さじ2
オイスターソース	大さじ1
紹興酒	大さじ1
干ししいたけの戻し汁	400ml
鶏ガラスープの素	大さじ1

【作り方】

1. 米ともち米は合わせて研ぎ、30分水に浸してざるに上げておく。
2. フライパンにごま油とベーコン、ザーサイ、しょうがを入れて炒める。たけのことにんじん、干ししいたけを加えてさらに炒める。
3. 鍋に2とAを入れ、一煮立ちしたら汁と具に分けておく。
4. フライパンに1と3の汁を入れ、水分がなくなるまで炒める。3の具とねぎのみじん切りを加えて混ぜ、ボウルなどに入れて冷ましておく。
5. 水でぬらした竹の皮にごま油（分量外）を塗り、三角形の袋状にして4を詰めて包み、セイロで30分蒸す。

COMMENT

タネを持ちよると、それぞれの人の個性が光ってとても楽しいです。スタンダードな餃子でも、家庭によってレシピが違うので発見がたくさんあります。餃子の皮が手作りのほうがやはりおいしいですが、市販のものでもOK。気負わず、パーティーは楽しくをモットーに！

みんなで包めばエンタメ性アップ！

蒸し餃子2種

■ えびとクワイとしいたけの蒸し餃子
【材料】作りやすい分量

えび（むき身）	150g
クワイ	100g
しいたけ	60g
塩、こしょう	適量
山椒	適量
片栗粉、水	適量
餃子の皮	30枚
レタス	3枚くらい
酢、しょうゆ	適量

【作り方】
1 えびは食感が残る程度に刻む。クワイとしいたけは5mm角に切る。
2 ボウルに1を入れ、塩とこしょう、山椒をふる。
3 餃子の皮に2を小さじ1強をのせて包む。温めたセイロにレタスを敷き10分蒸す。
4 酢としょうゆをつけて食べる。

■ 鶏肉となすとバジルの蒸し餃子
【材料】作りやすい分量

鶏挽き肉	100g
なす	2本（約200g）
塩、こしょう	適量
ジェノベーゼペースト	大さじ1
餃子の皮	30枚
レタス	3枚くらい
酢、しょうゆ	適量

【作り方】
1 なすは5mm角に切って、塩もみして水気をしっかり絞る。
2 ボウルに1と鶏挽き肉を入れ、塩とこしょう、ジェノベーゼペーストを加えてよく練る。
3 餃子の皮に2を小さじ1くらいのせて包む。温めたセイロにレタスを敷き10分蒸す。
4 酢としょうゆをつけて食べる。

■ 餃子の皮
【材料】24枚分

薄力粉	100g
強力粉	100g
熱湯	120ml

【作り方】 ※作り方のコツはp.132を参照
1 ボウルに強力粉、薄力粉を入れ、中央にくぼみを作って熱湯を少しずつ加え、菜箸で混ぜる。まとまってきたら打ち粉（分量外）をふった台で10分こねる。
2 1がなめらかになったら、丸めてボウルに戻し、ラップをして30分以上置く。
3 棒状にして12等分にする。めん棒で伸ばす。

めん棒は皮や生地を手作りしたいならマスト！

SCENE05　STEAM PARTY

箸休めはスチームしていないものを
いかとセロリの
レモンナンプラー蒸し

【材料】作りやすい分量
- いか ———— 1杯
- セロリ ———— 1本
- 酒 ———— 大さじ1
- ごま油 ———— 大さじ1
- A ┌ レモン汁 ———— 小さじ2
  │ ナンプラー ———— 小さじ2
  └ 花山椒 ———— ひとつまみ

【作り方】
1. いかは胴と足に分け、胴は1cmくらいの輪切りに、足は適当な大きさに切る。セロリの茎（葉柄）は1cm幅に斜めに切る。セロリの葉は千切りにする。
2. ボウルにいかとセロリの茎を入れ、酒をふる。温めたセイロに入れて5分蒸す。
3. ボウルに1を入れ、Aであえる。
4. フライパンにごま油を入れて熱し、3を加え、セロリの葉を散らす。

COMMENT

容器に小分けにして持って行くと、そのままテーブルに出すことができ、見た目もかわいいです。使い捨てのプラスチック容器なら、洗う手間もありません。

なめらか食感！クコの実がアクセント
杏仁プリン

【材料】800mlのプリン
- 牛乳 ———— 400ml
- 生クリーム ———— 200ml
- コンデンスミルク ———— 60ml
- 杏仁霜 ———— 大さじ2
- 水 ———— 150ml
- 粉ゼラチン ———— 15g
- クコの実 ———— 適量

【作り方】
1. 牛乳と生クリーム、コンデンスミルクを合わせておく。クコの実は水で戻しておく。
2. 鍋に杏仁霜と水を入れ、混ぜながら加熱する。沸騰したら火から下ろす。粉ゼラチンをふり入れ、よく溶かす。
3. 2に1加えて混ぜる。こしながら容器に入れ、冷やす。固まったらクコの実をのせる。

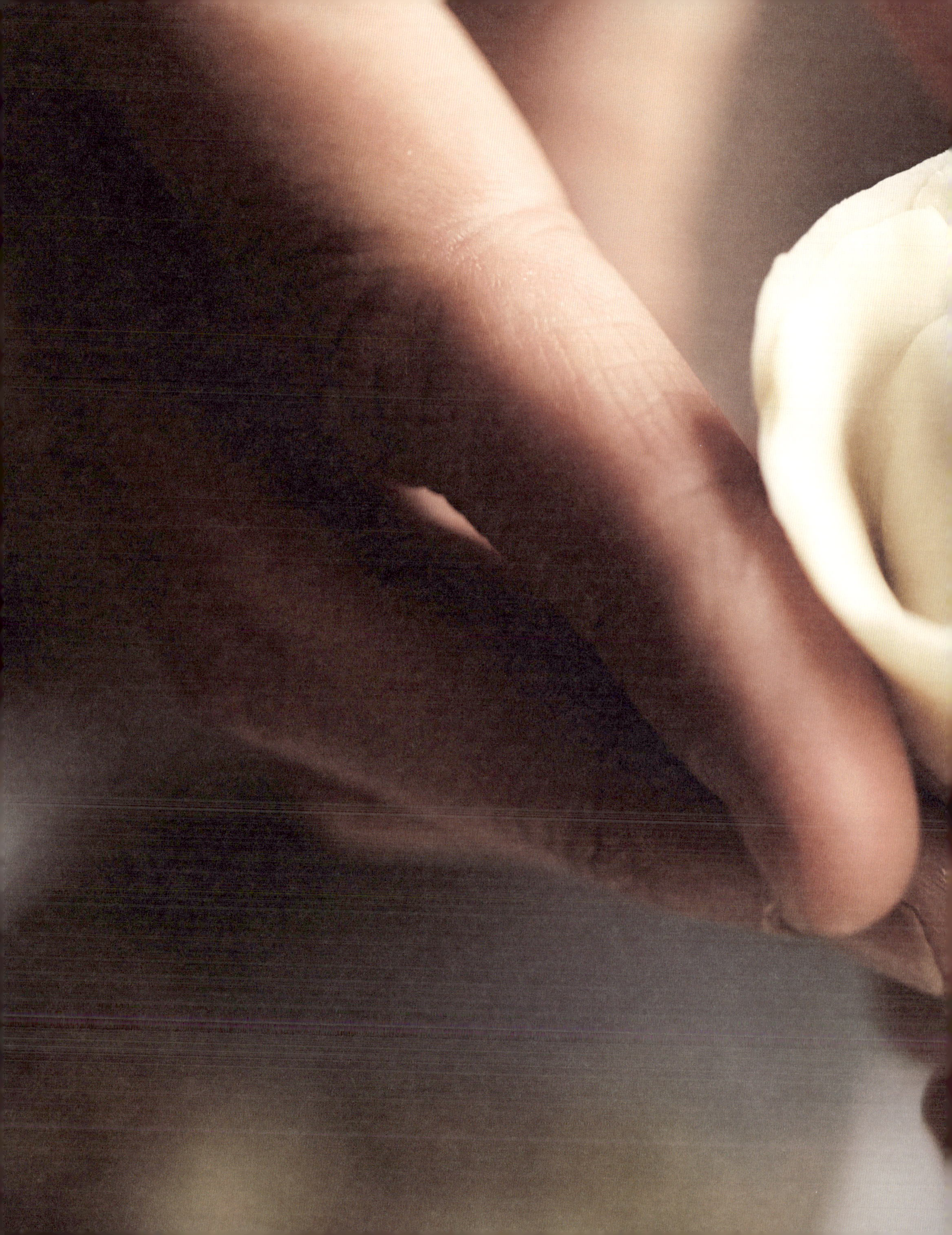

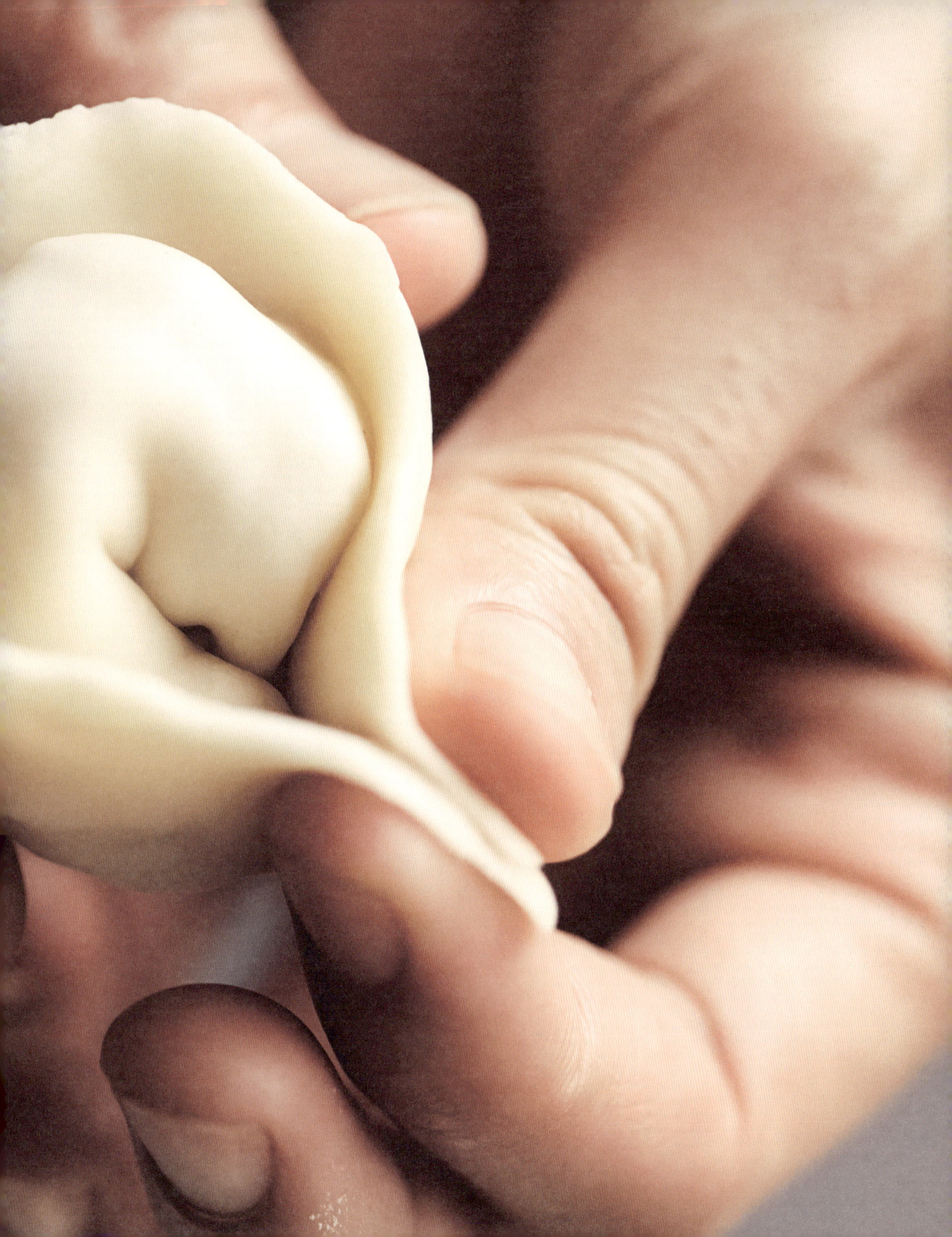

Scene06 Red Party

赤のテーブルパーティー

「色」をテーマにした斬新なパーティー。
カラーをテーマにテーブルの演出をすると
統一感が出て、メニューや着て行く服を考えるのも楽しいもの。
写真を撮るとすべてがフォトジェニック！

同系色のグラデーションって本当に美しい。
でもそれだけではなく、同系色の食材って
味の相性もいいような気がします。
赤なら、唐辛子を必ず使うなど
辛いものパーティーにしてもいいですね。
緑のテーブル、黄のテーブル、白のテーブルなど、
ワンテーマカラーのパーティーをエンジョイしてください。

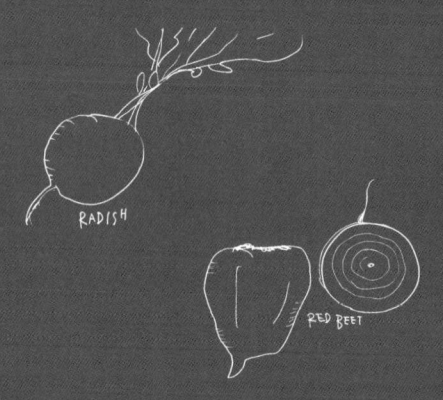

RED LIPSTICK
RED POLISH
RED CHEEK

RADISH
RED BEET

RED CABBAGE + BOUQUET GARNI + PASSATA + VINEGAR → RED SOUP

RED SCONE

TIMETABLE

2days before 2日前
レシピを決定し、買い物リストの作成
前もって買えるものは買い出ししておく。

1days before 1日前
買い物・仕込み準備
「ビーツと赤玉ねぎのサラダ」
　…ビーツをグリルしておく
「紫キャベツとトマトのアリッサスープ」
　…スープを作る
「トマトとラディッシュのマリネ」
　…マリネ液にプチトマトを漬ける
「赤いスコーン」
　…スコーンを作る
「チョコケーキ with ラズベリーのコンポート」
　…チョコケーキを作る

On the day 当日
調理・詰め込み

Menu

・ビーツと赤玉ねぎのサラダ

・紫キャベツとトマトのアリッサスープ

・トマトとラディッシュのマリネ

・ミートローフのパプリカとにんじんのせ

・チョコケーキ with
スパイシーベリーのコンポート

・赤いスコーン

Scene 06 Red Party

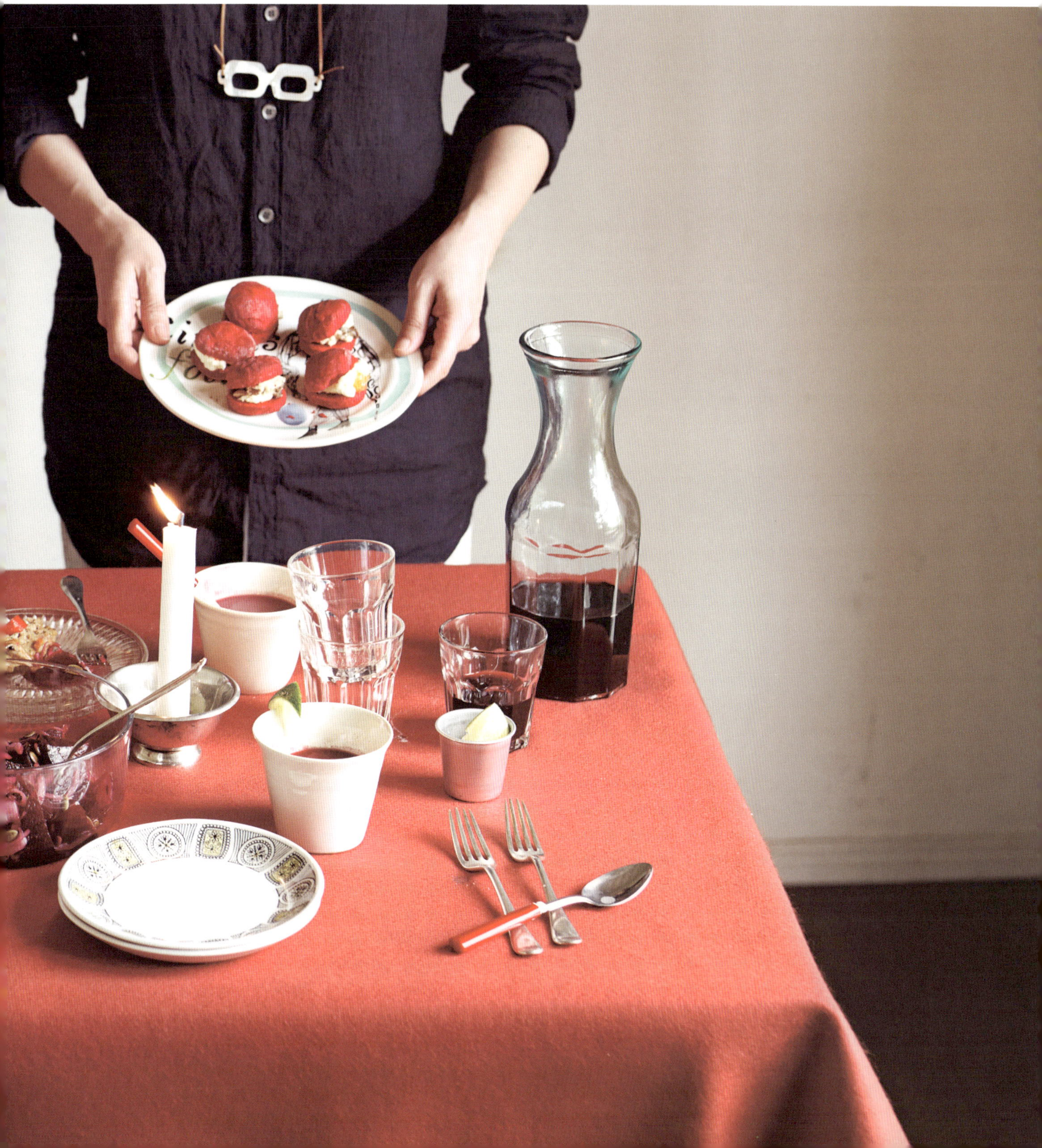

Comment

赤玉ねぎは料理の彩りに大活躍。ビネガーでマリネすればピンク色になり、味のアクセントにも一役買ってくれます。シェリービネガーがなければ、赤ワインビネガーでもOK。

キリッと酸っぱい赤紫のマリネ
ビーツと赤玉ねぎのサラダ

【材料】4～6人分

ビーツ	500g
A　メープルシロップ	40mℓ
シェリービネガー	大さじ2
EXバージンオリーブオイル	大さじ2
にんにく（すりおろす）	1かけ
赤玉ねぎ（スライス）	1/2個
かぼちゃの種	40g
カッテージチーズ	大さじ3
塩、こしょう	適量

【作り方】

1　ビーツは洗って皮つきのままアルミホイルに包み、200℃のオーブンで30～40分焼く。粗熱が取れたら、皮をむいて乱切りにする。
2　ボウルにAの材料を入れて混ぜ、赤玉ねぎを加えてあえる。
3　1を入れてざっくりとあえ、かぼちゃの種とカッテージチーズを加えて混ぜる。塩とこしょうで味を調える。

Scene06　Red Party

異国情緒満点！ さわやかな辛みとハーブが香る
紫キャベツとトマトのアリッサスープ

【材料】作りやすい分量
紫キャベツ（細切り）	1/2個
玉ねぎ（みじん切り）	1/2個
にんにく（みじん切り）	1かけ
EXバージンオリーブオイル	大さじ1
塩、こしょう	適量
A 野菜のだし（ベジブロス）	500ml
ブーケガルニ	1袋
B 水	200ml
トマト（裏ごし）	200ml
アリッサ	少々
赤ワインビネガー	大さじ1
EXバージンオリーブオイル	適量
ライム	適量

Comment
野菜のだし（ベジブロス）は、野菜の切れ端を煮出して、日本酒を加えればでき上がり。薄味なのでさまざまな料理で活躍！ 作り置きしておくと重宝します。アリッサは、おもに中近東料理に欠かせない調味料で、現地では日本のみそやしょうゆのようにさまざまな料理に使われています。ブーケガルニの代わりにローリエ1枚でもOK。

【作り方】
1　鍋に玉ねぎとオリーブオイルを入れて火にかける。しんなりしてきたら、にんにくを加え、香りがたったら紫キャベツを加え、塩とこしょうをふる。油が全体に回ったら、Aを加え一煮立ちしたら、弱火で20分煮る。
2　1の粗熱が取れたら、ブーケガルニを取り出し、フードプロセッサーに入れて撹拌する。
3　再び鍋に戻す。Bを加えて混ぜながら一煮立ちさせ、塩とこしょうで味を調える。器に注ぎ、EXバージンオリーブオイルを回しかけ、ライムを搾る。

赤といえばトマト。黒い器との相性抜群
トマトとラディッシュのマリネ

【材料】作りやすい分量
プチトマト	30個
ラディッシュ	8個
A 水	大さじ6
米酢	大さじ6
きび砂糖	大さじ6
はちみつ	大さじ3
レモン汁	1/4個分
黒こしょう	好みで少々

【作り方】
1　プチトマトは湯むきする。ラディッシュは薄くスライスする。
2　鍋にAを入れて熱し、砂糖が溶けたら、はちみつとレモン汁を加える。粗熱が取れたら、プチトマトを冷蔵庫で一晩漬ける。
3　ラディッシュを飾り、黒こしょうをふる。

カラフルなお皿はさし色にもなってなにかと使える！

赤×黄、しっとりジューシーな焼き上がり
ミートローフのパプリカとにんじんのせ

【材料】4〜6人分

- A ┌ パン粉 ──── 100g
-   └ 牛乳 ───── 100ml
- B ┌ 牛豚合挽き肉 ── 400g
-   │ 卵 ─────── 1個
-   │ 玉ねぎ（みじん切り）── 1/2個
-   │ にんにく（みじん切り）── 1かけ
-   │ パセリ（みじん切り）── 20g
-   └ 粉チーズ ──── 大さじ4
- 塩、こしょう ──── 適量
- 薄力粉、EXバージンオリーブオイル ── 適量
- C ┌ にんじん、セロリ（千切り）── 1本
-   └ 赤パプリカ（千切り）── 2個
- 白ワイン ────── 200ml
- バター ─────── 10g

【作り方】

1. ボウルにAを入れ、パン粉を浸しておく。Bを入れてよく手で練る。なめらかになったらなまこ形に整え、ハンバーグを作る要領で、両手の平に打ちつけて空気を抜き、薄力粉をまぶす。
2. 厚手の鍋にEXバージンオリーブオイルを熱し、1を入れてこんがり焼き目をつける。
3. Cを肉の周りに入れ、野菜に塩をふる。蓋をして野菜がしんなりするまで弱火で約10分煮る。
4. 蓋を取って、半量の白ワインを加えて煮る。やや煮詰まったら残りの半量を加え、野菜を肉にかぶせるようにのせる。蓋をして弱火で50分煮込む。
5. 4のミートローフを取り出し、切り分けて器に盛る。4の野菜を煮汁で少し煮詰めたらバターを加えて混ぜ、上にのせる。

Scene06 Red Party

甘いだけじゃない、おとなを夢中にさせるソース
チョコケーキ with スパイシーベリーのコンポート

■チョコレートケーキ
【材料】20×30cmの角型
ミルクチョコレート	100g
ブラックチョコレート	100g
薄力粉	30g
ココア	大さじ1
卵	3個
バター	30g
グラニュー糖	50g
生クリーム	150ml

■スパイシーベリーのコンポート
【材料】作りやすい量
いちご		10個
ブルーベリー		20個
水		50ml
A	グラニュー糖	50g
	シナモンスティック	1本
	カルダモン	1粒
	ナツメグパウダー	小さじ1/4

【作り方】
1 チョコレート各種は刻んで湯煎でとかす。
2 薄力粉とココアは合わせてふるう。卵は卵黄と卵白をわけ、卵白を大きめのボウルに入れる。バターは室温に戻す。
3 1にバターを加えて混ぜ、溶けたら湯煎からはずす。
4 卵白のボウルにグラニュー糖を2回に分けて加え、その都度泡立ててしっかりしたメレンゲを作る。
5 別のボウルに3を移して、湯煎の鍋にあて、卵黄と生クリーム、2でふるった粉類の順に加え、その都度よく混ぜる。
6 オーブンを180℃に温め、蒸し焼き用のお湯を沸かす。
7 5にメレンゲを2回に分けて加えて混ぜる。1回目はなじむように、2回目はさっくりと手早く混ぜ合わせる。
8 オーブンシートを敷いた型に流し入れ、アルミホイルをかぶせて天板にのせ、湯を型の半分くらいまで注いで20分焼く。アルミホイルをはずして、さらに10分焼く。
9 粗熱が取れたら、冷蔵庫で冷やす。
10 コンポートは鍋にAの材料を混ぜ合わせ、10分くらい置いて水分が出てきたら、水を加えて弱火で10分煮る。

パーティーの余韻をたのしむおみやげにも
赤いスコーン

【材料】4cmの丸型・約20個分
A	薄力粉	320g
	ベーキングパウダー	小さじ2
	グラニュー糖	大さじ2
	塩	小さじ1/4
	食紅	20g
バター		170g
牛乳		100～150ml
B	クリームチーズ	50g
	オレンジマーマレード	大さじ1
ラムレーズンクリームチーズ		50g

【作り方】
1 バターは角切りにして冷やしておく。
2 Aの材料を合わせてふるう。
3 フードプロセッサーに1と2を入れ、そぼろ状になるまで撹拌する。
4 ボウルに3を入れ、牛乳を加えて混ぜ合わせ、ひとまとまりにする。
5 打ち粉（分量外）をした台に4をのせ、厚さ2cmくらいの長方形を作る。生地を半分に折り、再び厚さ2cmくらいに伸ばす。生地の表面がなめらかになるまでこれを3～4回くり返す。
6 打ち粉（分量外）をした型で、生地を抜き、オーブンシートを敷いた天板に並べて、表面に牛乳を塗る。200℃のオーブンで12分焼く。
7 焼き上がったら横方向に切って、Bかラムレーズンを間に挟む。

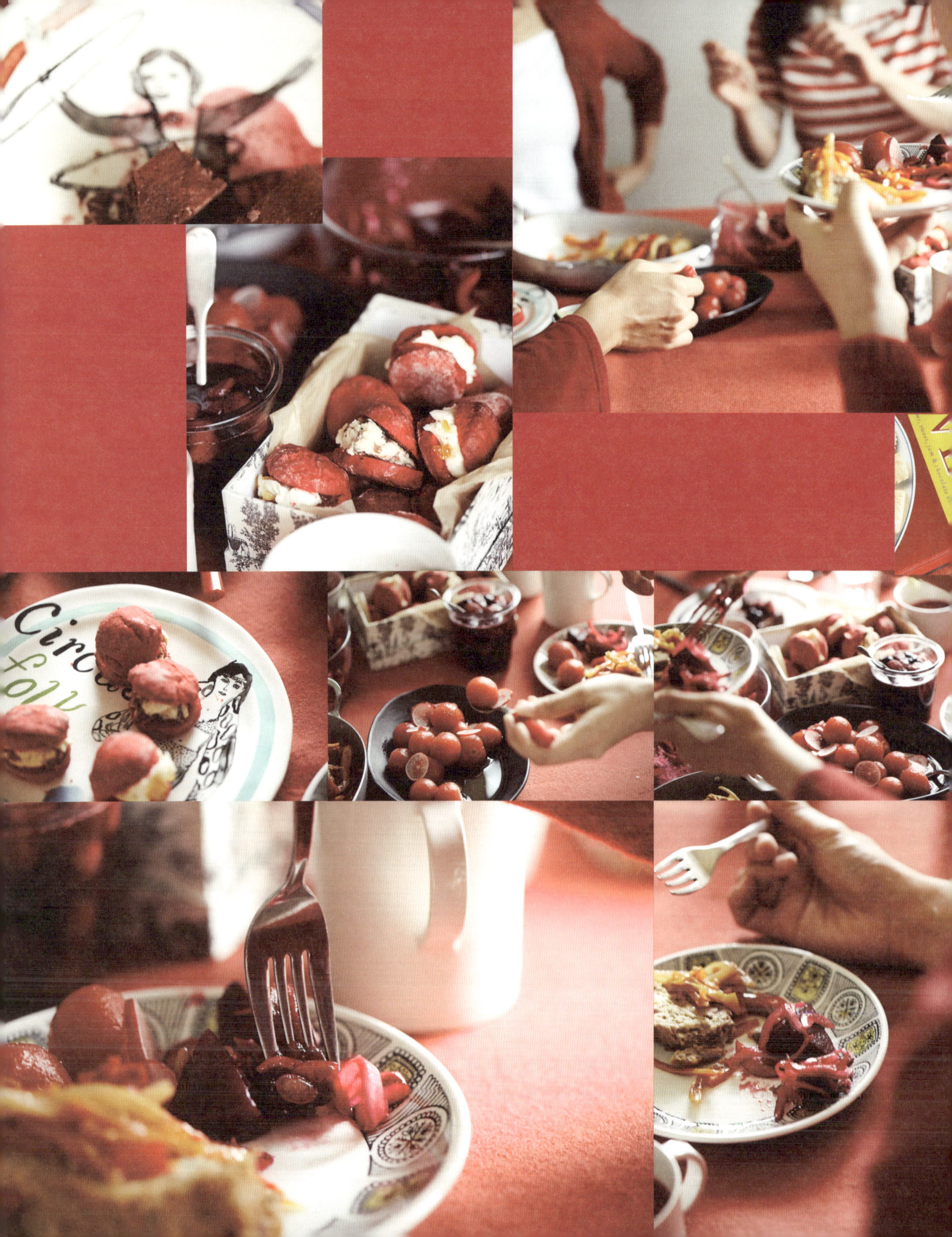

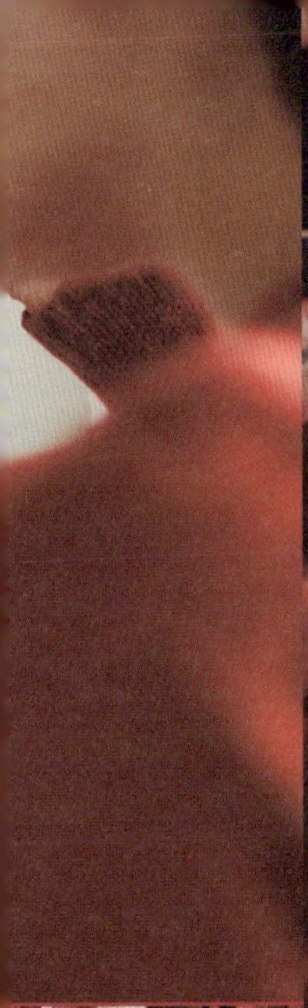
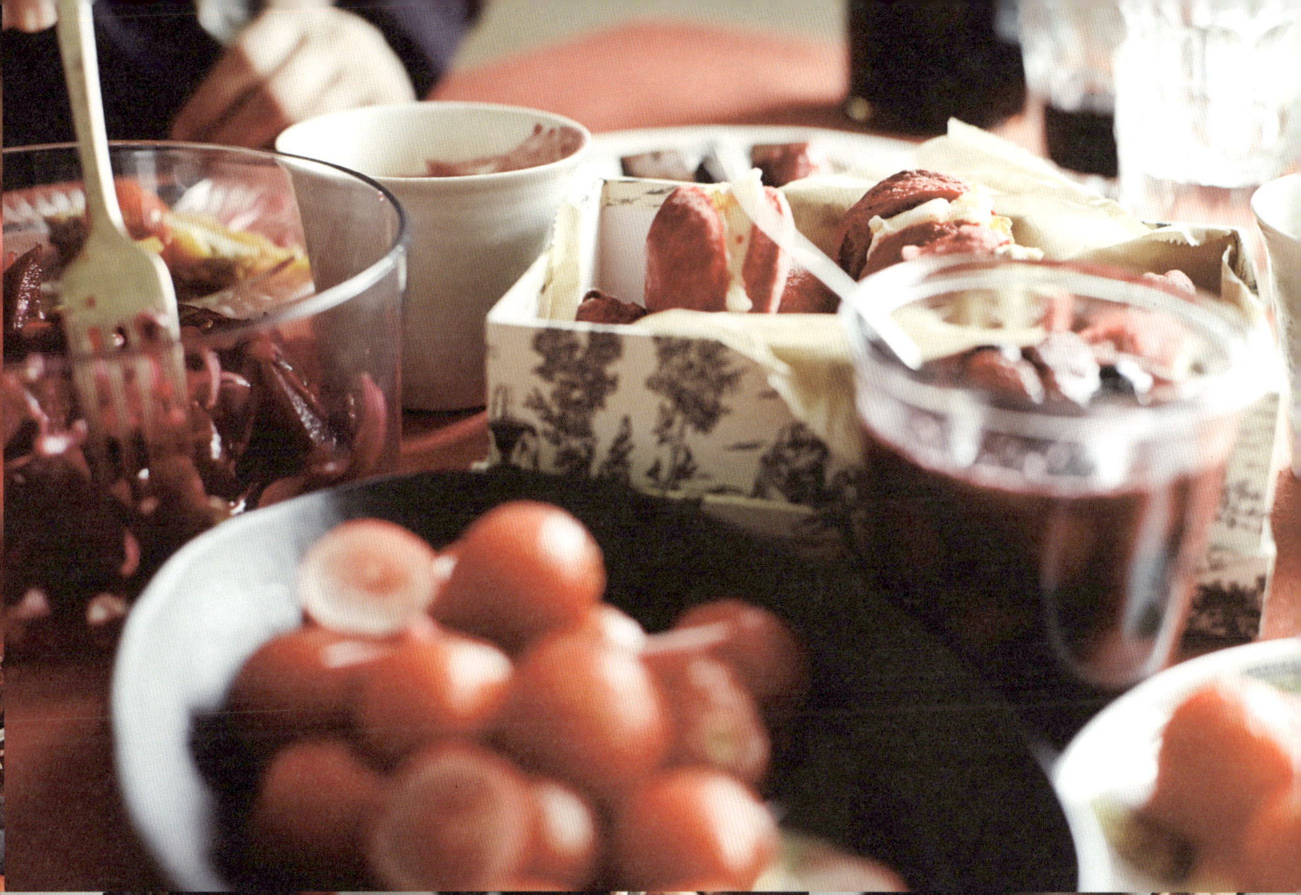
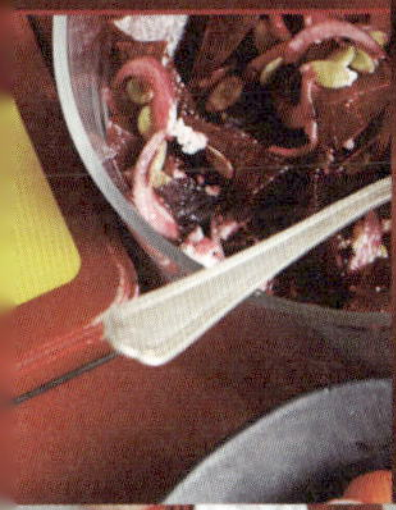
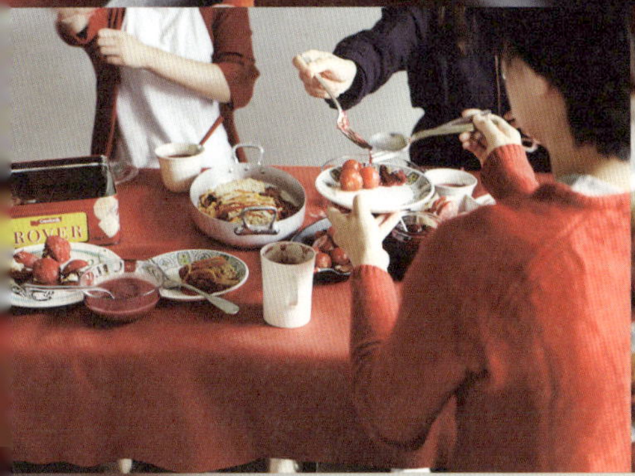
ROVER
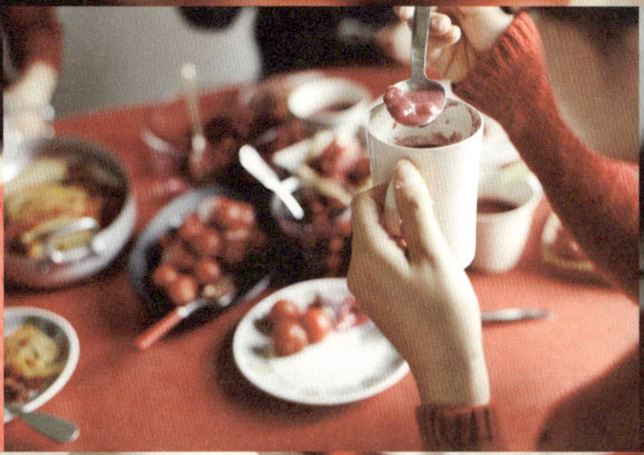
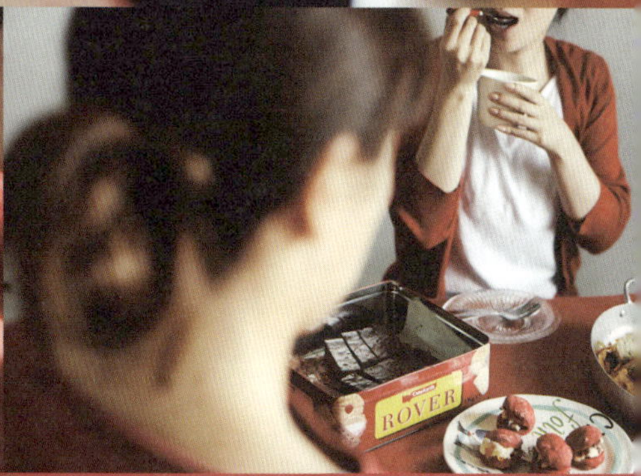
ROVER
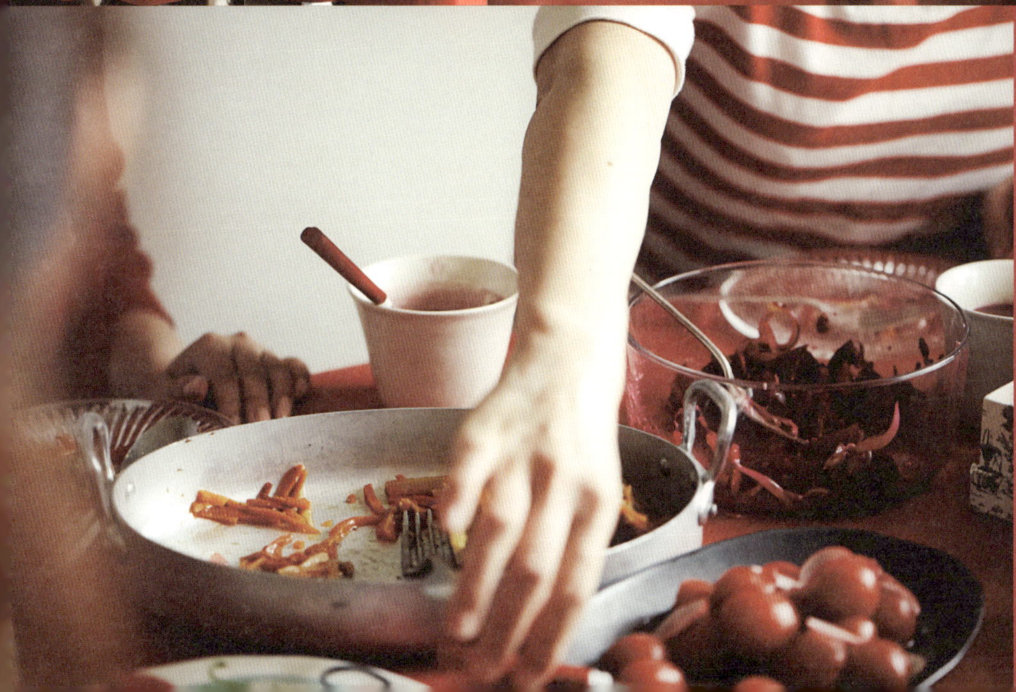

SCENE07 PICNIC IN THE SPRING

春のピクニックパーティー

この時季、屋外での食事は、とても心地のいいものです。
おいしい料理はもちろん、小物で演出しましょう！

竹かごやお重、折り箱、使い捨ての包材、
紙皿にも今はおしゃれなものが豊富にあります。

四角や丸の箱の中に詰めるとすごく上品な見た目になります。
季節の花や緑を添えて、さらに華やかに仕上げましょう。

LET'S GO TO THE PICNIC!!
MY FAVORITE BASKET

柑橘系の器づくり
CUT THE CITRUS BECOME BOWL

SQUARE MACCHA CAKE
cut the cake
TEMARI ZUSHI
ORIBAKO
お重やおじゅうばこに手まりずし
CUT CAKE with ANKO
WASARA
Put the cake was cut in a cup

Time TABLE

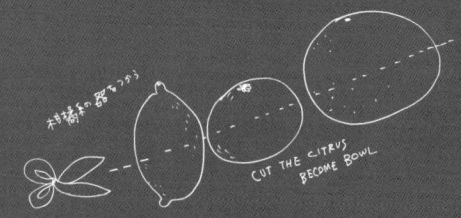

- 2 days before　2日前
  → レシピを決定し、買い物リストの作成
  前もって買えるものは買い出ししておく
  「サングリア」
  1日前から作ってもOK。

- 1 days before　1日前
  → 買い物・仕込み準備
  「手まり寿司 ローストビーフ with スパニッシュたれ」
  …… ローストビーフを作る
  「そら豆とドライトマトのコロッケ with コルニッション」
  …… 衣をつけておく
  「さつまいものレモン煮」を作る
  「いんげんとアスパラガス、赤玉ねぎのナッツサラダ」
  …… 野菜をゆでておく
  「にんじんとグリーンオリーブのオレンジブリュッセ」を作る
  「抹茶バナナケーキのあんこ添え」
  …… ケーキを作る

- the day　当日
  → 調理・詰め込み

MENU

・さつまいものレモン煮

・れんこんとたけのこのナンプラー焼き

・いんげんとアスパラガス、赤玉ねぎのナッツサラダ

・にんじんとグリーンオリーブのオレンジグラッセ

・鶏の米酢煮

・そら豆とドライトマトのコロッケ with コルニッション

・手まり寿司3種
ローストビーフ with スパニッシュたれ
スモークサーモンとディル
柴漬けとたくあんのエディブルフラワー添え

・抹茶バナナケーキのあんこ添え

・サングリア

SCENE 07

PICNIC IN THE SPRING

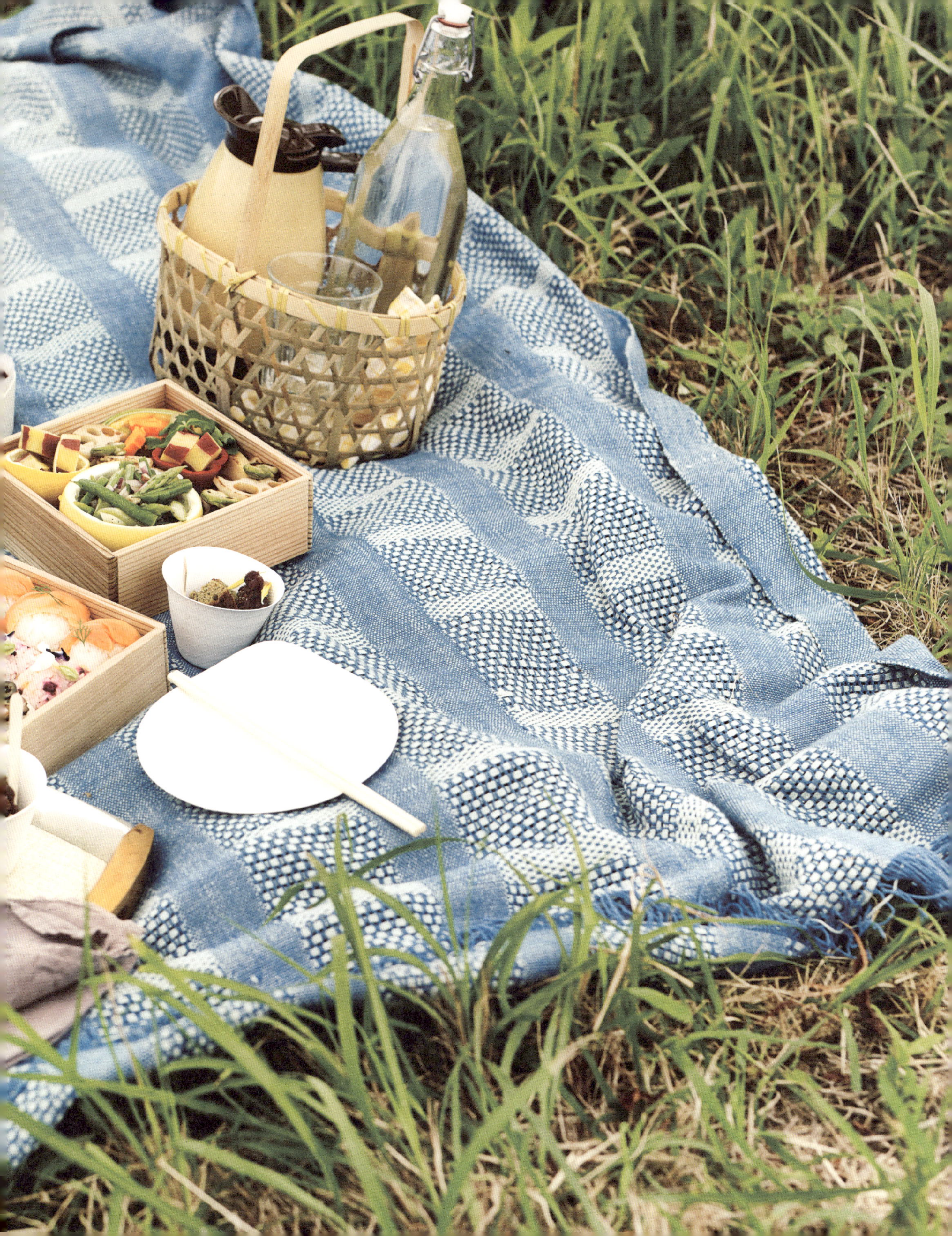

所どころ皮をむくのがポイント
さつまいものレモン煮

【材料】4人分
さつまいも	250g
A　レモン汁	大さじ1
水	400ml
きび砂糖	大さじ2
塩	少々
レモン（皮・千切り）	1/2個分

【作り方】
1. さつまいもは所どころ皮をむいて、2cmの厚さに輪切りにして、水（分量外）に10分さらす。
2. 鍋に1とAを入れ、落とし蓋をして、やわらかくなるまで弱火で煮る。

ナッツが味と食感のアクセント
いんげんとアスパラガス、赤玉ねぎのナッツサラダ

【材料】作りやすい分量
いんげん	10本
アスパラガス	6本
赤玉ねぎ（みじん切り）	1/4個
アーモンド、くるみ	各大さじ1
A　赤ワインビネガー	大さじ1
EXバージンオリーブオイル	大さじ2
塩、こしょう	適量

【作り方】
1. アスパラガスは茎のかたい部分をピーラーでむく。アスパラガスといんげんをゆでて、適当な大きさに斜めに切る。アーモンドとくるみは乾いりして砕く。
2. 赤玉ねぎは水にサッとさらして、水気を切る。
3. ボウルに混ぜ合わせたAと2を入れてあえ、1を加えてさらにあえる。

型抜きしたにんじんで遊びごころを演出
にんじんとグリーンオリーブのオレンジグラッセ

【材料】作りやすい分量
にんじん	1本
オレンジ果汁	150ml
グリーンオリーブ	6粒
バター	10g
塩、こしょう	適量

【作り方】
1. にんじんの半分は5mm幅の輪切りにする。半分は好きな抜き型で抜く。
2. フライパンにバターを入れて中火にかけ、香りがたったらにんじんを加えて炒め、オレンジ果汁を加える。
3. 煮立ったらグリーンオリーブを加え、にんじんがやわらかく煮えたら、塩とこしょうで味を調える。

一つひとつの食材にきれいな焼き色をつけて
れんこんとたけのこのナンプラー焼き

【材料】作りやすい分量
れんこん	200g
たけのこ	100g
エリンギ	2本
そら豆	10粒くらい
しょうが（スライス）	4枚
ごま油	大さじ1
A　酢	大さじ1
ナンプラー	大さじ1
三つ葉（ざく切り）	あれば適量

【作り方】
1. れんこんは5mm幅くらいの輪切りにして、酢水（分量外）にさらす。たけのこは適当な大きさに切る。エリンギは短冊切りにする。そら豆は皮をむいて、素焼きしておく。
2. フライパンにごま油を入れて弱火にかけ、しょうがを加えて炒め、香りがたったられんこんを入れる。焼き色がついたら、たけのことエリンギを加えて炒める。
3. れんこんに火が通ったら、Aを回しかけ炒め煮る。そら豆を加える。
4. 三つ葉を添える。

> グレープフルーツなどの皮を器代わりにすると華やかでよりいっそう見栄えよし！

SCENE07　PICNIC IN THE SPRING

うずらとグレープフルーツが目を引く取り合わせ
鶏の米酢煮

【材料】4〜6人分
鶏もも肉	2枚
うずらの卵（水煮）	4個
しょうが	1かけ
にんにく	1かけ
A ┌ 米酢	200ml
├ しょうゆ	200ml
├ 水	100ml
├ みりん	大さじ3
└ きび砂糖	大さじ3
グレープフルーツ	1/2個分

【作り方】
1. 鶏もも肉は一口大より少し大きめに切る。しょうがは皮のままスライスし、にんにくはつぶす。
2. 鍋にAを入れて煮立たせ、1とうずらの卵を加え、蓋をして中火で20分煮る。
3. 適当な大きさに切ったグレープフルーツを飾る。

一口かじるとそら豆が現れるサプライズ！
そら豆とドライトマトのコロッケ with コルニッション

【材料】35g×12個分
じゃがいも	400g
そら豆	12個
玉ねぎ（みじん切り）	1個
ドライトマト（粗みじんきり）	4枚
バター	15g
粉チーズ	大さじ1
塩、こしょう、サラダオイル	適量
コルニッション（ピクルス）	6個
薄力粉	50g
溶き卵	1個分
パン粉	50g

【作り方】
1. じゃがいもは皮がついたまま、水（分量外）からゆでる。竹串がスッと通るくらいまでゆでる。熱いうちに皮をむき、つぶす。塩とこしょうをふり、粉チーズを混ぜる。
2. 鍋に湯（分量外）をわかし、そら豆は1分くらいゆでて、皮をむく。
3. フライパンにオリーブオイルを入れて熱し、玉ねぎを炒める。ドライトマトをかえさらに炒める。バターを加え溶かして混ぜ、1に加えて、さらに混ぜる。
4. 12等分して、それぞれそら豆を真ん中に入れて包み、丸める。
5. 4に薄力粉をまぶし、溶き卵をくぐらせ、パン粉をして、180℃に熱したサラダオイルで揚げる。
6. 縦半分にコルニッションを切り、4に揚枝で刺す。

華やぎを添えるエディブルフラワーはパーティーならではのアイテム

折り箱にきちんと並べると高級感アップ
手まり寿司3種

■寿司飯
【材料】3種×6個　1個70gくらい
炊いた白米 ———————————— 4合
（炊きあがり約1200g）
押し麦 ———————————————— 大さじ2
A ┬ 米酢 ———————————————— 80ml
　├ きび砂糖 ———————————— 大さじ3
　└ 塩 ———————————————————— 小さじ1

【作り方】
炊いた白米に混ぜ合わせたA（寿司酢）を入れて混ぜ、うちわであおぎ冷ます。

■ローストビーフ with スパニッシュたれ
【材料】作りやすい分量
牛肉（かたまり） ———————— 400g
塩、こしょう ———————————— 適量
A ┬ 黒オリーブ ———————————— 10粒
　├ 赤玉ねぎ（みじん切り） — 1/4個
　├ パセリ（みじん切り） ——— 大さじ1
　├ EXバージンオリーブオイル — 25ml
　├ 赤ワインビネガー ————— 25ml
　├ パプリカパウダー —————— 小さじ1/2
　├ にんにく（みじん切り） — 1/2かけ
　└ 塩、こしょう ———————————— 適量

【作り方】
1　牛肉は1時間常温に置く。塩、こしょうをふる。
2　魚焼きグリルに水をはって、余熱3分、片面3〜5分くらいずつ焼く。肉の大きさによって調整する。10分は開けずに放置し、余熱で火を通す。薄くスライスする。
3　Aの材料を混ぜ合わせてたれを作る。
4　丸めたすし飯にローストビーフと3をのせる。

■スモークサーモンとディル
【材料】作りやすい分量
スモークサーモン ———————— 6枚
ディル ———————————————— 適量

【作り方】
スモークサーモンの血合いを取り除く。丸めたすし飯にスモークサーモンを巻き、ディルを飾る。

■柴漬けとたくあんのエディブルフラワー添え
【材料】
柴漬け ———————————————— 大さじ1
たくあん ————————————————— 大さじ1
エディブルフラワー ——————— 日枚

【作り方】
柴漬けとたくあんはみじん切りにし、すし飯に混ぜて、丸める。エディブルフラワーをのせる。

SCENE07　PICNIC IN THE SPRING

ケーキはサイコロ型に切ってアレンジ！
抹茶バナナケーキのあんこ添え

【材料】パウンド型1個分
バナナ	1本
卵	1個
きび砂糖	40g
サラダオイル	50ml
ホットケーキミックス	100g
抹茶	大さじ1
A　あんこ	大さじ3
グランマニエ	小さじ1
エディブルフラワー（菊）	あれば適量

美しいフォルムの「WASARA」は、使い捨てでも環境にやさしい紙の器

【作り方】
1. バナナはフォークなどでつぶす。
2. ボウルに卵を割ってほぐし、きび砂糖、サラダオイル、ホットケーキミックスの順に加え、その都度泡立て器で混ぜる。
3. 2に1を加えて混ぜ、オーブンシートを敷いた型に流し入れる。
4. 180℃のオーブンで30分焼く。粗熱が取れたら型から外し、サイコロ状に切る。
5. 器に4を入れ、混ぜ合わせたAを添える。エディブルフラワーを散らす。

赤・白飲み比べ！ちょっと気のきいたもてなし
サングリア

■サングリア（赤）
【材料】赤ワイン1本分
A　オレンジ、レモン、りんご	各1個
バナナ	1本
きび砂糖	大さじ2
シナモンスティック	2本
赤ワイン	1本
ラム酒、コアントロー	大さじ1

【作り方】
1. 保存瓶などに、好みの大きさに切ったAときび砂糖を入れて混ぜ、シナモンスティックを加える。
2. 1に赤ワインを注ぎ、ラム酒とコアントローを加えてかき混ぜる。一晩置く。

■サングリア（白）
【材料】白ワイン1本分
A　オレンジ、レモン、りんご	各1個
バナナ	1本
ディタ、きび砂糖	大さじ2
ミント（葉）	適量

【作り方】
1. 保存瓶などに、好みの大きさに切ったAときび砂糖を入れて混ぜる。
2. 1に白ワインを注ぎ、ディタを加えてかき混ぜる。一晩置いて、グラスに注いだらミントを飾る。

COMMENT
ワインは安価なものでOK。くだものの皮はよく洗いましょう。一晩以上置く場合は、くだものの皮が苦みに変わるので、皮は取り除いてください。二晩漬けるなら、一日目は皮を1番上にのせて、翌日は取り除きます。柑橘系のジュースなどを加えたり、炭酸水で割ってもおいしい。ブランデーやウイスキーを加えると味に深みが出ます。漬けたフルーツは、ジャムにしたり鶏肉と一緒に煮込んで、ハーブをたっぷりのせていただくのも美味。

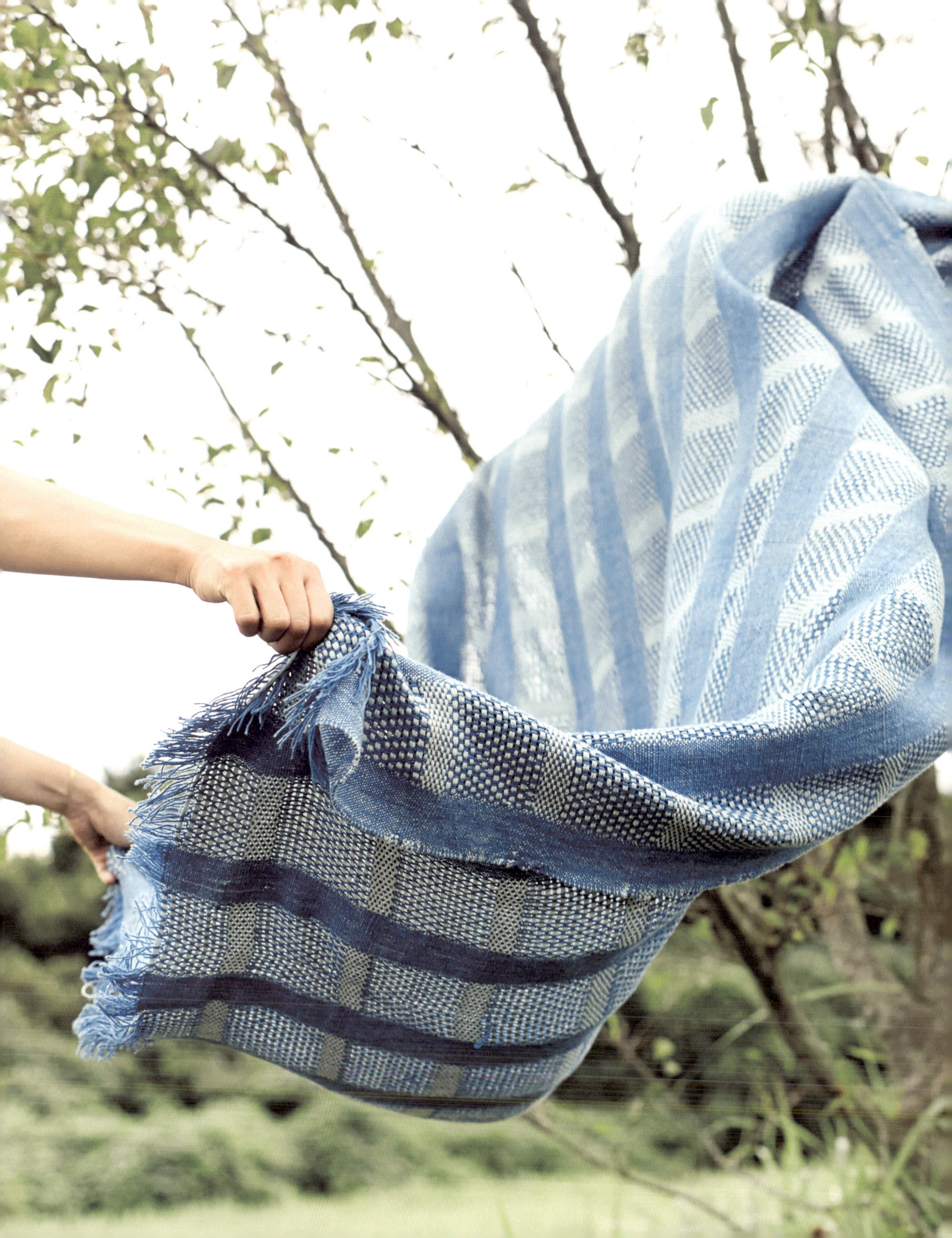

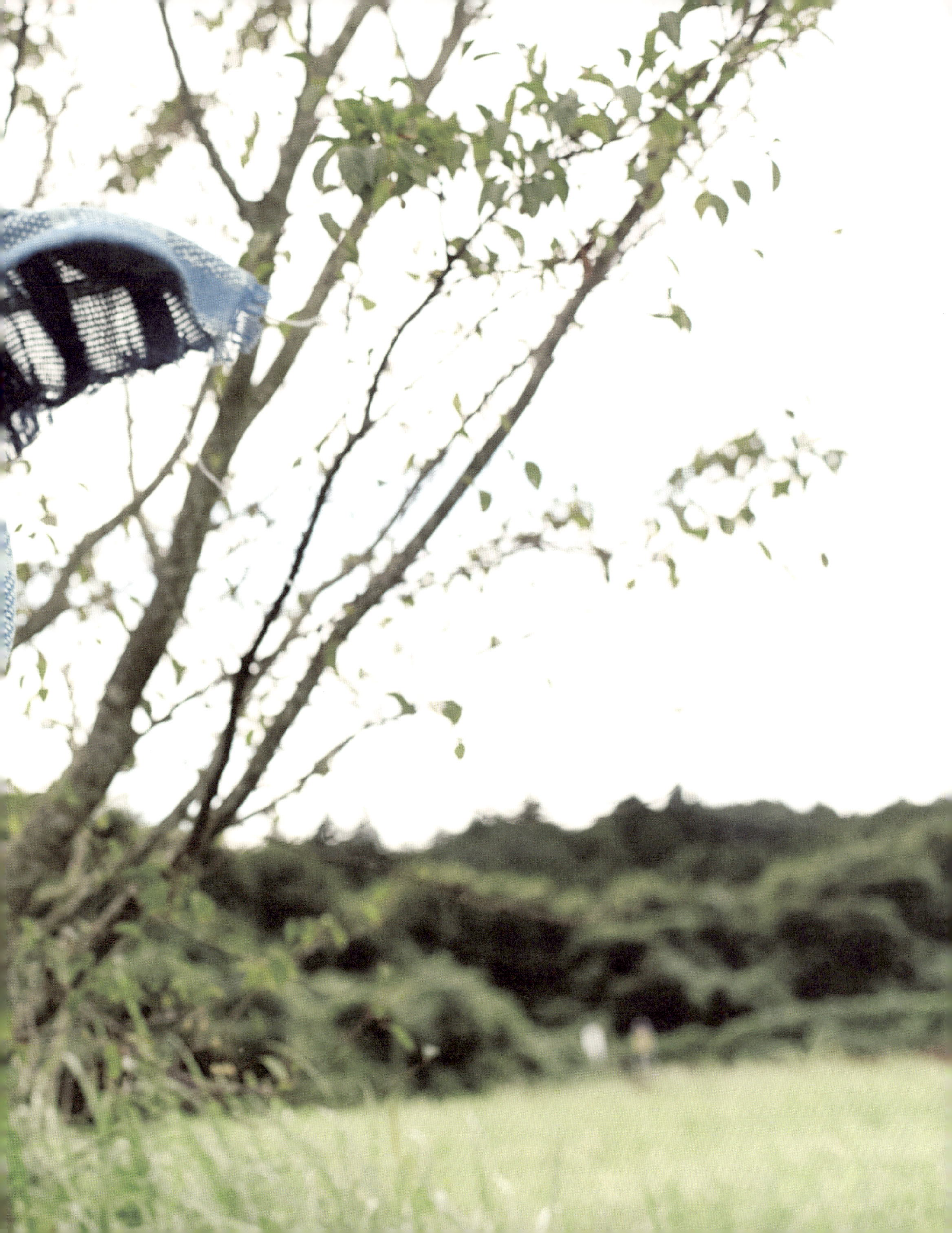

SCENE 08 FRUITS OF SUMMER

夏の果実パーティー

季節のフルーツを使ったタルティーヌに
ゼラチンで固めた透明感のあるテリーヌ。
夏野菜がキラキラまぶしい、さっぱり味のラタトゥイユ。

サマーシーズンは調理にあまり時間をかけず、
ほったらかしでもOKなオーブンを賢く使いしょう。
元気色の果実をふんだんに取り入れて、装いは涼しげに。
夏の暑さもどこへやら。

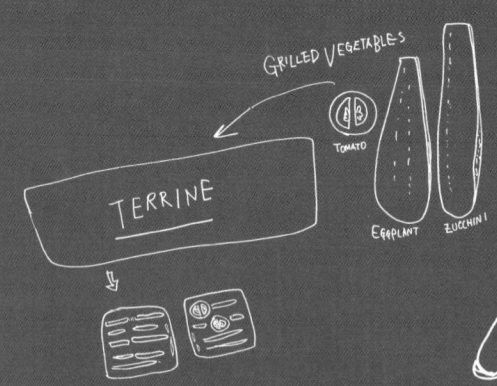

PEAR
PINEAPPLE
GRAPES

GRILLED VEGETABLES
TOMATO EGGPLANT ZUCCHINI
TERRINE

FAVORITE FRUIT
+ SUGER + LIQUEUR
HOW TO MAKE "MACEDONIA"
TO BRING IN BOTTLED

すきなフルーツをカットして
砂糖とリキュールも入れ 一晩冷蔵庫で冷やす

TIME TABLE

2 days before 2日前
レシピを決定し、買い物リストの作成
前もって買えるものは買い出ししておく。

1 days before 1日前
「スモーク鶏と桃のタルティーヌ」
…鶏ささみ肉を蒸す
「夏野菜のテリーヌ」
…作って冷蔵庫で冷やす
「フルーツのミントシロップ漬け」
…作って冷蔵庫で冷やす

On the day 当日
調理・詰め込み

MENU

・夏野菜のテリーヌ

・きゅうりのファルシ

・塩ラタトゥイユのバジル添え

・豚ヒレ肉のグリルとパイナップル
　with　レンズ豆煮込み

・スモーク鶏と桃のタルティーヌ

・フルーツのミントシロップ漬け

SCENE 08
FRUITS OF SUMMER

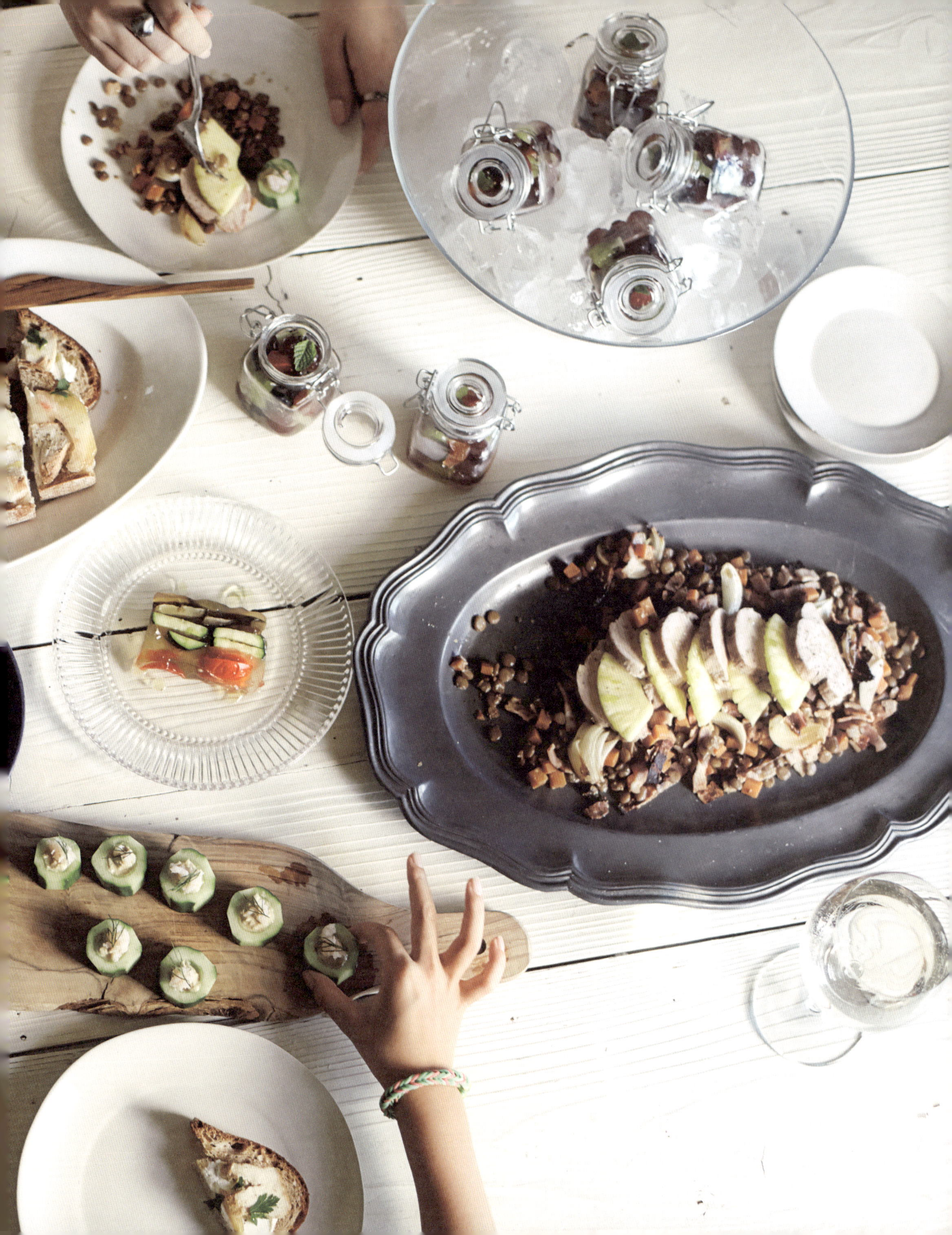

COMMENT

家で切り分けておくことをおすすめします。持ち運びは、保冷剤を忘れずに。子ども向けには、野菜を角切りにして小さなカップに入れたり、小さなカップにラップを敷いて、材料を入れ、輪ゴムで留めるとヨーヨーみたいでかわいいです（p.10コツその9「ラップでテリーヌ」を参照）。

夏は目にも涼しげなメニューを
夏野菜のテリーヌ

【材料】作りやすい分量

なす	1本
ズッキーニ	1本
プチトマト	6個
水	750㎖
コンソメ（顆粒）	小さじ1
ゼラチン	15g
塩、こしょう	適量
EXバージンオリーブオイル	適量

【作り方】
1. なすとズッキーニは、縦5mmくらいにスライスする。プチトマトは2等分に切って、フライパンにオリーブオイルをひいて焼く。
2. 鍋に水を入れて火にかけ、一煮立ちしたらコンソメを入れる。ゼラチンを水（分量外）でふやかし、鍋に加えて溶かす。
3. テリーヌ型などにラップを敷き、2を少し注いでなすを並べ、塩とこしょうをふる。2を注いでズッキーニを並べ、塩とこしょうをふる。2を注いでトマトを並べ、塩とこしょうをふる。2を注いで冷蔵庫で一晩冷やす。
4. 切り分けて器に盛り、オリーブオイルを回しかける。

COMMENT

ファルシとは詰めもの料理のこと。きゅうり、かにみそ、クリームチーズは別々に持って行き、現場で盛りつけてもいいです。持ち運びにはタッパーなどの器にキッチンペーパーを敷き、きゅうりのえぐった面を下向きに入れます。かにみそとクリームチーズは小瓶などに詰めて、ディルは洗って水気を切り、濡らしたキッチンペーパーを下に敷いたビニール袋に入れて持ち運びましょう。

ウッドボードにちょこんと並べて
きゅうりのファルシ

【材料】作りやすい分量

きゅうり	3本
かに（缶）	1/2個
かにみそ（缶）	1/2個
クリームチーズ	60g
ディル	適量

【作り方】
1. きゅうりはへたを切り落とし、所どころ皮をむく。1.5cm幅くらいの輪切りにして、中をくり抜く。かには飾り用を少量取っておく。
2. ボウルに1以外のかに、かにみそ、クリームチーズを入れてよく練る。
3. 1のきゅうりのくぼみに2をのせ、取っておいたかにとディルを飾る。

SCENE08　FRUITS OF SUMMER

COMMENT

塩麹は素材のうまみを引き出してくれる優秀な調味料です。小さく具材を切ることで、モザイク柄のようなかわいい見た目になります。サッと煮ることがポイント。バジルはビニール袋に入れて持って行くと、変色が防げます。

いつものトマト味とは違う、塩麹パワーを借りて
塩ラタトゥイユのバジル添え

【材料】4〜6人分

黄パプリカ	1個
なす	2本
ズッキーニ	1本
トマト	2個
玉ねぎ（みじん切り）	1/2個
にんにく（すりおろし）	1かけ
バジル	2束
EXバージンオリーブオイル	大さじ3
ローリエ	1枚
塩麹	大さじ2
塩、こしょう	適量

【作り方】
1　ピーラーで皮をむいた黄パプリカとなす、ズッキーニ、湯むきして種を取り除いたトマトは、それぞれ5mm角に切る。
2　鍋にオリーブオイルを入れて熱し、玉ねぎ、にんにく、パプリカ、なすの順に入れてサッと炒める。
3　ローリエと塩麹を加えて、弱火で5分煮る。ズッキーニとトマトを加え、さらに5分煮る。
4　塩とこしょうで味を調える。手でちぎったバジルを加える。

大皿から取り分けるときに使う大きなスプーンやフォークの用意もお忘れなく！

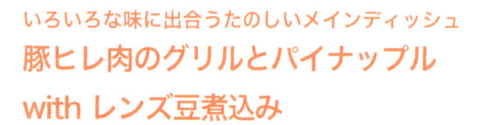

COMMENT

かたまりの肉をスライスした料理は、ダイナミックで迫力満点。フルーツと交互に盛りつけるとおしゃれな感じに仕上がります。肉と野菜、パイナップルはそれぞれ分けてもっていき、現地で盛りつけるのもいいでしょう。ペコロスは小さめの玉ねぎ2個でもOK。

いろいろな味に出合うたのしいメインディッシュ
豚ヒレ肉のグリルとパイナップル with レンズ豆煮込み

【材料】4～6人分

豚ヒレ肉（かたまり）	400g
パイナップル（輪切り）	3枚くらい
ベーコン	80g
ペコロス	4個
にんじん	1/2本
A ┌ レンズ豆	200g
├ 水	500mℓ
└ ローリエ	1枚
コンソメ（顆粒）	小さじ2
粒マスタード	大さじ1
EXバージンオリーブオイル	適量
塩、こしょう	適量

【作り方】

1 豚ヒレ肉に塩とこしょうをふる。ベーコンは5mm幅に切る。ペコロスはくし形に切る。にんじんは小さめの角切りにする。

2 オーブンを220℃に温める。耐熱の器に豚ヒレ肉とベーコン、ペコロスを入れ、大さじ2程度のオリーブオイルを回しかけ、オーブンで12分焼く。

3 豚ヒレ肉を取り出して、アルミホイルで包み、10分くらい置く。

4 鍋ににんじんとAを入れ、中～弱火で5分煮る。コンソメを加え、さらに10分煮たらレンズ豆をざるに上げる。ゆで汁を100mℓ取って2の器に入れ、粒マスタードを加えてよく混ぜる。器にのせる。

5 スライスした豚ヒレ肉と半月切りにしたパイナップルを交互に並べる。塩とこしょうをふる。

SCENE08 FRUITS OF SUMMER

COMMENT

表面が乾燥するのを防ぐためにオリーブオイル、桃の変色を防ぐためにレモン汁を忘れずに塗りましょう。

パンはカンパーニュ！
食べやすい大きさに切って
スモーク鶏と桃のタティーヌ

【材料】4〜6人分

鶏ささみ肉	2本
スモークチップ	適量
ローリエ	1枚
白桃	1/2個
マスカルポーネチーズ	適量
パン（カンパーニュ）	4枚
塩、こしょう	適量
イタリアンパセリ	適量
レモン汁	少々
EXバージンオリーブオイル	少々

【作り方】
1. 厚手の鍋に、鍋底が見えないようにスモークチップを敷き、ローリエをのせ、その上にクッキングシートを敷く。
2. 鶏ささみ肉に塩とこしょうをふり、1に入れ、蓋をして15分弱火にかけて蒸す。粗熱が取れたらスライスする。
3. 桃はスライスしてレモン汁をぬる。
4. パンにクリームチーズを塗り、1枚を4等分くらいに切る。
5. 鶏ささみ肉と桃を交互にのせて、EXバージンオリーブオイルを回しかける。イタリアンパセリを手でちぎりながら散らす。

COMMENT

小さな瓶などにぎゅうぎゅうに詰めて最後にミントを入れて蓋をすれば、開けたとたんにミントの香りが広がります。氷をはったボウルに入れれば、涼しげで夏らしい演出に。

「かわいい！」の声が聞こえる
フルーツの
ミントシロップ漬け

【材料】作りやすい分量

ぶどう	1/3房
ブルーベリー	1/2パック
プラム、いちごなど（赤いくだもの）	計100g
キウイ	1個
ミント	適量
アマレット	小さじ1
グラニュー糖	くだものの重さの1/10程度

【作り方】
1. ぶどうは2等分に切る。プラムやいちごはくし形に切る。キウイは皮をむき輪切りにして、6〜8等分に切る。
2. ボウルかタッパーに、1とグラニュー糖を入れて混ぜ合せる。アマレットを入れ、ミントを散らして、冷蔵庫で一晩冷やす。

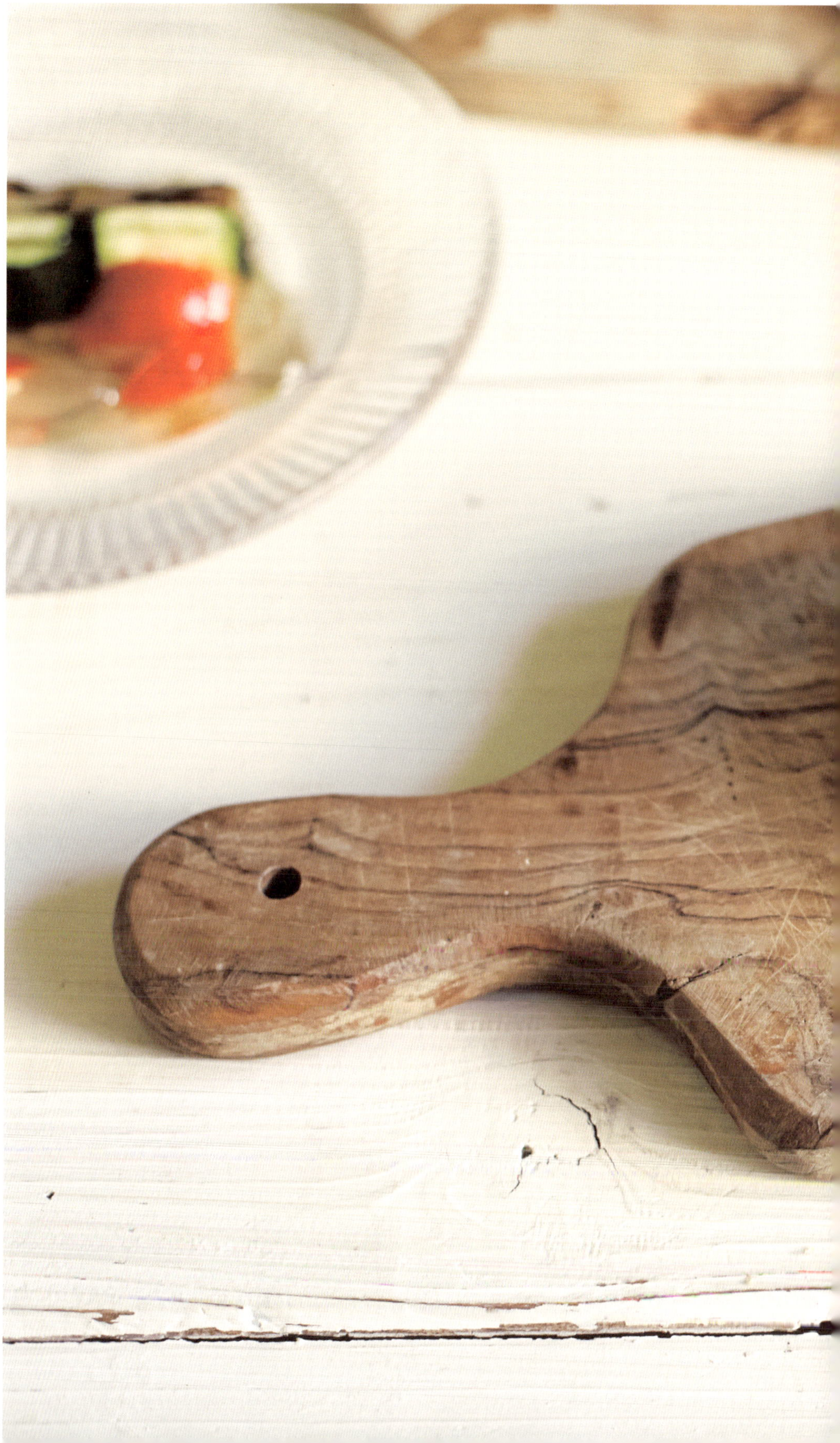

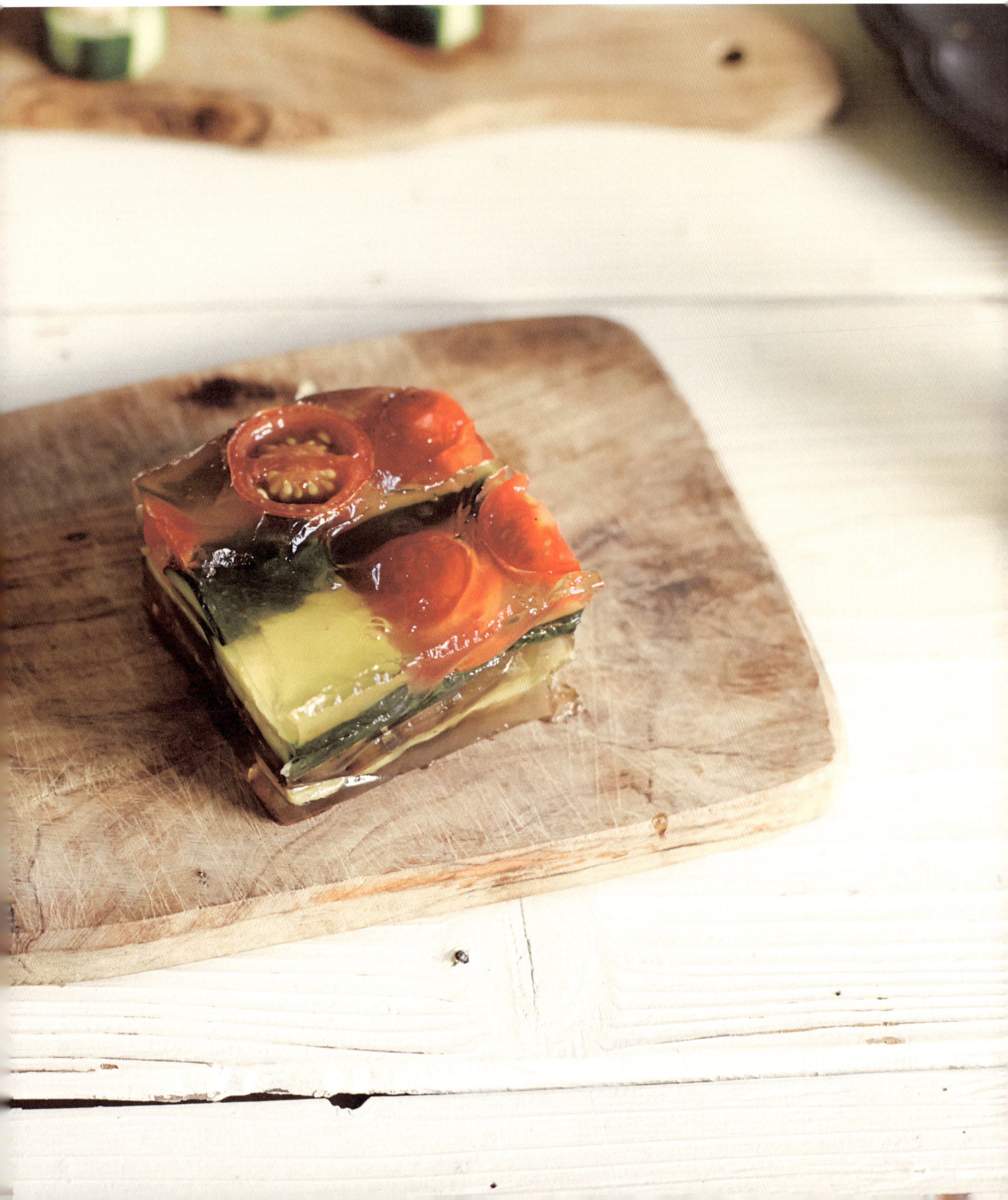

SCENE09 IN THE LONG AUTUMN EVENINGS

秋の夜長の宴

暑さもやわらいで心地よい風が吹く秋。
お酒が恋しくなる季節でもあります。

居酒屋さんのようなメニューを
持ちよってみるのはいかがですか？
ゆっくりと料理をつまみながら、
ちびちびとやるのは至福の時間です。

七輪があれば最高！
焼きたい具材を串に刺して持ちよりましょう。
ぜいたくなおとなの時間に、
お腹も心も満たすメニューの提案です。

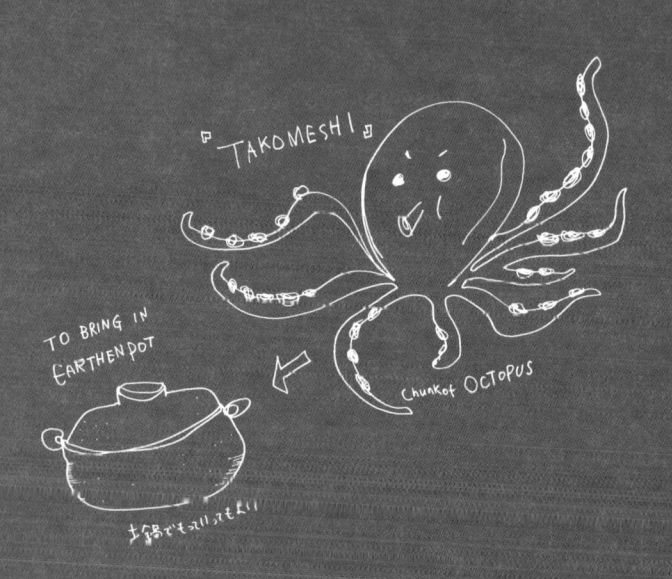

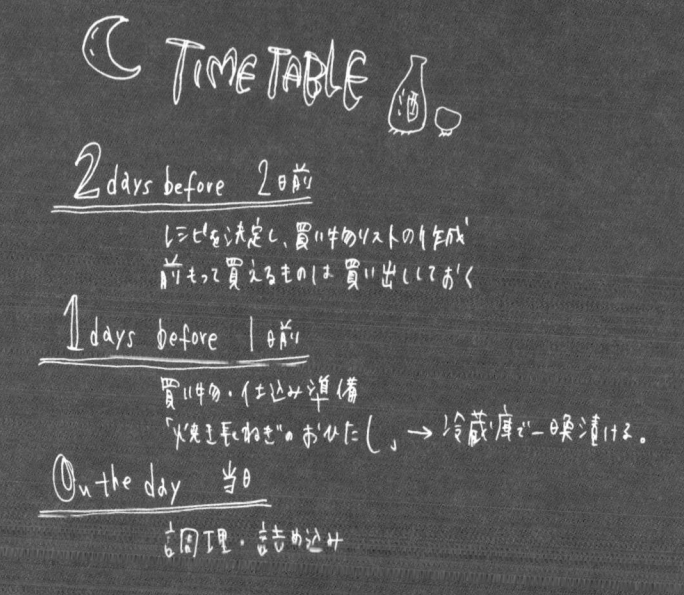

YAKITORI

『TAKOMESHI』
TO BRING IN EARTHEN POT
Chunk of OCTOPUS
土鍋でもっていってもよい

TIME TABLE

2 days before　2日前
レシピを決定し、買い物のリストの作成
前もって買えるものは買い出ししておく

1 days before　1日前
買い物・仕込み準備
「火炎主ねぎのおひたし」→冷蔵庫で一晩漬ける。

On the day　当日
調理・詰め込み

お品書き

・焼き長ねぎのおひたし

・いぶりがっこ&チーズクラッカーのはちみつがけ

・たこ飯の三ツ葉添え

・豚肉と明太子、パクチーのお好み焼き

・焼き鳥4種
にらとえのきの大葉豚巻き
砂肝焼き
ねぎま
野菜焼き(しいたけ、ししとう、赤玉ねぎ)

・たれ2種
焼き鳥のたれ
みそだれ

SCENE 09
IN THE LONG AUTUMN EVENINGS

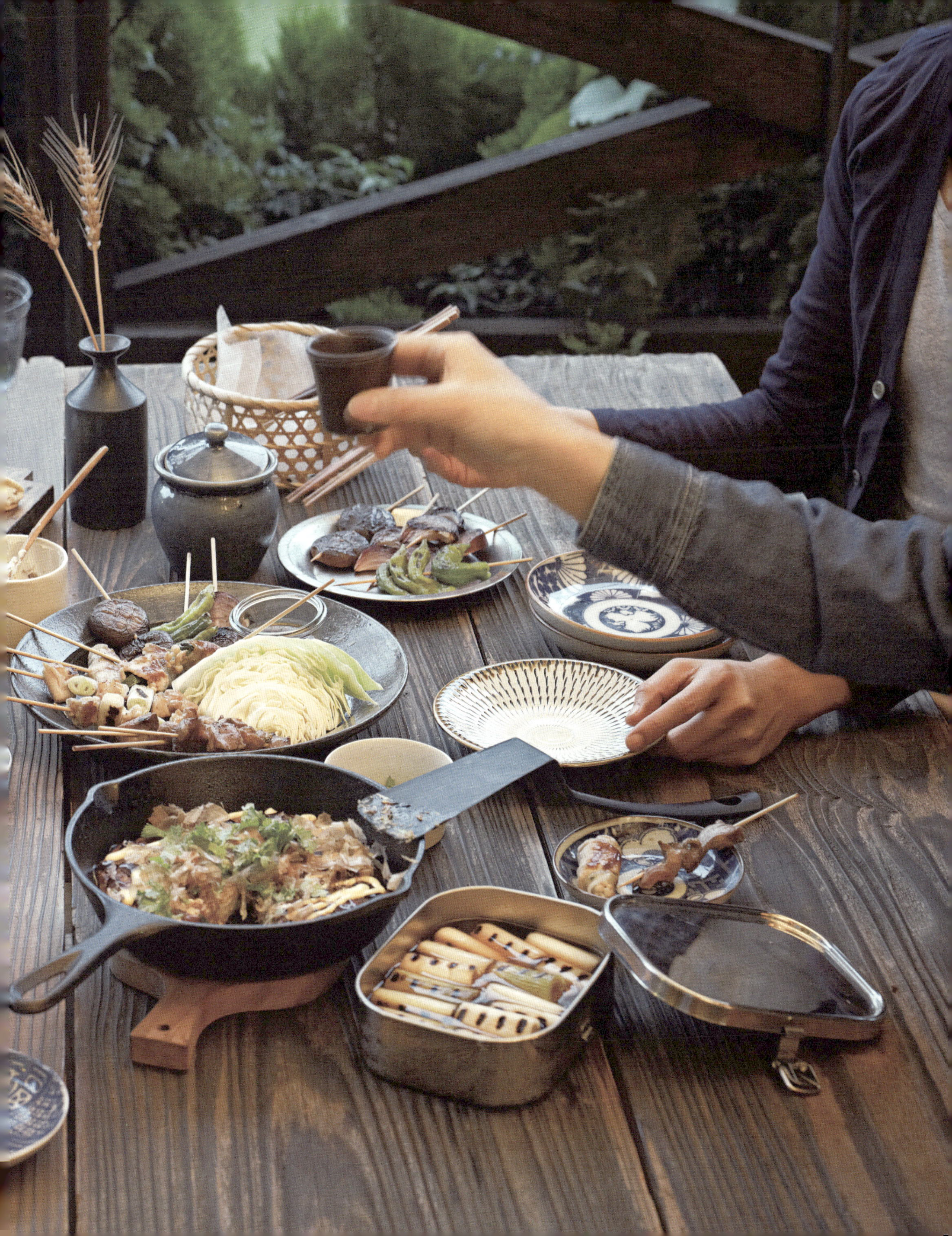

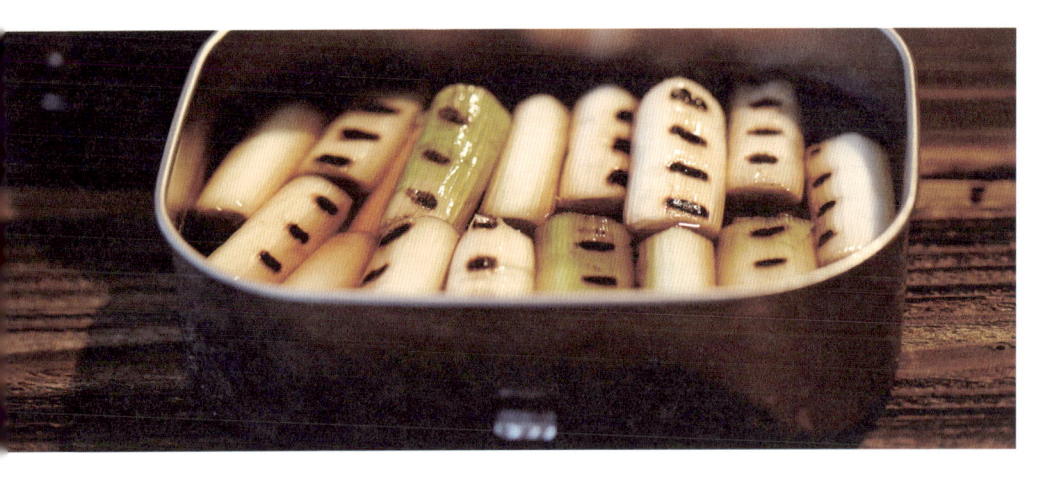

COMMENT

ステンレスのお弁当箱は、和風テイストにも合います。持ち運びにも便利ですし、そのままテーブルにも出せるのでおすすめです。

和食パーティーの定番箸休めメニュー
焼き長ねぎのおひたし

【材料】作りやすい分量
- 長ねぎ ── 2本
- A
  - だし汁 ── 180mℓ
  - 酒 ── 大さじ2
  - 薄口しょうゆ ── 大さじ2
  - 塩 ── ひとつまみ
  - ゆずこしょう ── 少々

【作り方】
1. 長ねぎは4cm幅くらいに切る。グリルパンかフライパンで、焼きめがつくまで両面焼く。
2. Aの材料を鍋に入れ、一煮立ちさせる。
3. 2に1を漬して、冷蔵庫で一晩漬ける。

COMMENT

いぶりがっこは秋田の漬けもの。スモークされているので、チーズやはちみつとの相性抜群！ぜひ試してみてください。

塩みと甘み、絶妙な味わいをフィンガーフードで
いぶりがっこ＆チーズ
クラッカーのはちみつがけ

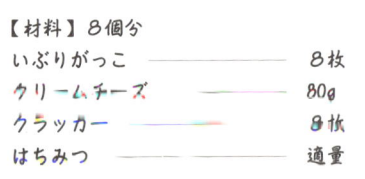

【材料】8個分
- いぶりがっこ ── 8枚
- クリームチーズ ── 80g
- クラッカー ── 8枚
- はちみつ ── 適量

【作り方】
1. 刻んだいぶりがっこと、常温に少し置いてやわらかくなったクリームチーズを練り合わせて丸める。
2. クラッカーの上に1をのせ、はちみつをかける。

SCENE09   IN THE LONG AUTUMN EVENINGS

COMMENT

浸水した状態で運べるなら土鍋ごと持って行って、現場で炊きたてを食べるとおいしいですし、盛り上がります。家で炊いて丸く握り、竹かごなどに詰めてもかわいいです。

土鍋ごとテーブルに出せば保温効果あり
たこ飯の三ッ葉添え

【材料】4人分
- ゆでだこ ———— 100g
- 白米 ———— 1合
- もち米 ———— 1合
- A ┌ 水 ———— 350ml
    │ 酒 ———— 大さじ2
    │ 塩 ———— 小さじ1
    └ みりん ———— 小さじ2
- 三つ葉 ———— 適量

【作り方】
1. ゆでだこは細かくぶつ切りにする。
2. 白米ともち米は研いで水気を切り、土鍋に入れ、Aを加えて20分浸す。
3. 2に1を入れる。中火で沸騰して蒸気が勢いよく上がってきたら2分後くらいに火から下ろし、20分蒸らす。
4. 三つ葉を刻んで飾る。

COMMENT

爽快なパクチーの香りは、こってり味のソースやマヨネーズとよく合います。

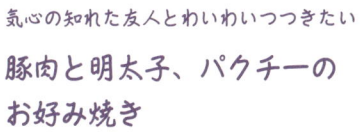

気心の知れた友人とわいわいつつきたい
豚肉と明太子、パクチーのお好み焼き

【材料】1枚分
- 豚ばら肉(スライス) ———— 4枚
- 明太子 ———— 1腹
- A ┌ キャベツ(千切り) ———— 100g
    │ 長いも(すりおろし) ———— 100g
    │ 薄力粉 ———— 120g
    │ 水 ———— 140ml
    └ だし(顆粒) ———— 小さじ1/2
- サラダオイル ———— 適量
- パクチー ———— 適量
- ソース、マヨネーズ、花かつお ———— 好みで適量

【作り方】
1. 明太子は中身をこそぐ。
2. ボウルにAを入れて、粉っぽさがなくなるまで混ぜる。
3. フライパンにサラダオイルを入れて熱し、豚ばら肉を焼く。上に2を流し入れ、中〜弱火でじっくり焼く。
4. 軽く焼き色がついてきたら、ひっくり返して両面を軽く焼く。
5. 刻んだパクチーをのせて、ソース、マヨネーズ、花かつおをかける。

その場で焼いて温かいうちに召し上がれ！

焼き鳥4種

■にらとえのきの大葉豚巻き
【材料】5本
豚肉（しゃぶしゃぶ用）	10枚
にら	1/3本
えのき	1/2パック
大葉	10枚
塩、こしょう	適量

【作り方】
1. 豚肉に塩とこしょうをふり、大葉を縦半分に切ったもの、にら、えのきを適量のせる。豚肉を手前から巻く。
2. 竹串に刺し、フライパンか網で焼く。

■砂肝焼き
【材料】4本分くらい
砂肝	8個
焼塩	適量

【作り方】
1. 砂肝は2〜4等分に切り、焼塩をふる。
2. 竹串に刺し、フライパンか網で両面焼く。

■ねぎま
【材料】8本分
鶏もも肉	1枚
長ねぎ	2本
塩、こしょう	適量

【作り方】
1. 鶏もも肉は、一口大くらいに切り（24等分）、塩とこしょうをふる。長ねぎは3cm幅のぶつ切り（16等分）にする。
2. 竹串に鶏むね肉と長ねぎの順で交互に刺し、フライパンか網で両面焼く。

■野菜焼
【材料】
しいたけ	10個（5本分）
ししとう	20個（10本分）
赤玉ねぎ	1個（4本分）
焼塩	適量

【作り方】
1. しいたけは石づきを取り除き、竹串1本に2個刺す。ししとうは竹串で穴をあけ、竹串1本に2個刺す。赤玉ねぎはくし形に切り、竹串1本に2個刺す。
2. それぞれの串に焼塩をふり、フライパンか網で焼く。

SCENE09 IN THE LONG AUTUMN EVENINGS

COMMENT
みそだれにはキャベツがぴったり。キャベツは冷水にさらして、水気を切るとパリッとします。蓋つきの壺に入れるのも演出のひとつ。

さっぱりしょうゆ＆こってりみそ
たれ2種

■焼き鳥のたれ
【材料】作りやすい分量
しょうが（スライス）	4枚
水	200㎖
しょうゆ	100㎖
みりん	100㎖
酒	大さじ3
きび砂糖	大さじ3
鶏ガラスープの素（顆粒）	小さじ1

【作り方】
鍋に材料をすべて入れて、半量くらいまで煮詰める。

■みそだれ
【材料】作りやすい分量
A	みそ	200g
	みりん	100㎖
	酒	50㎖
マヨネーズ		好みで50㎖

【作り方】
Aを混ぜ合わせる。マヨネーズは好みで加える。

パーティーのコンセプトに合ったお皿選びからたのしもう！

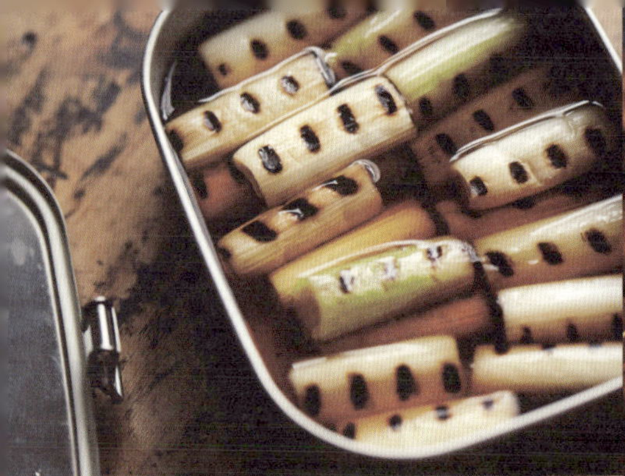
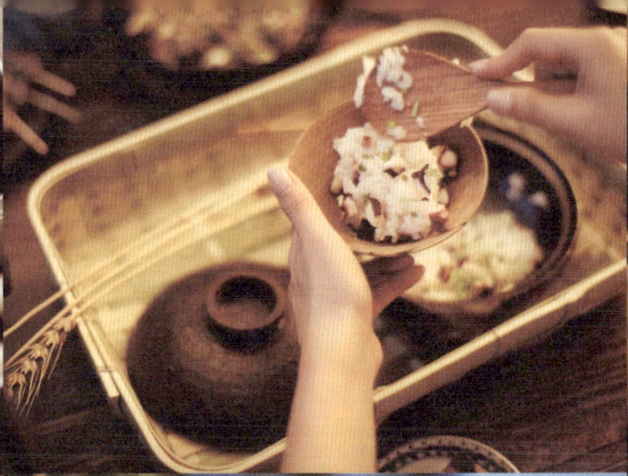
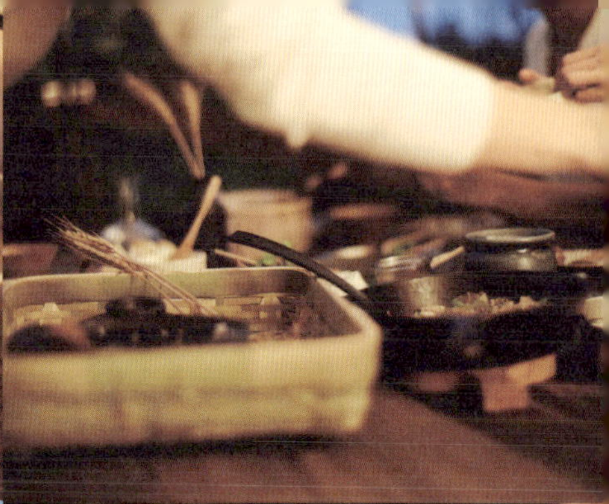
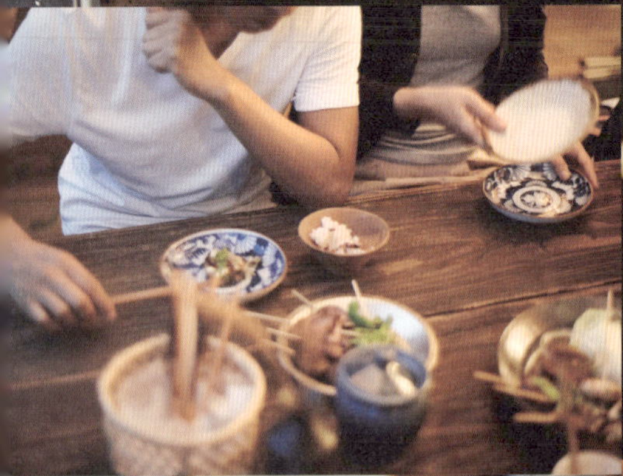
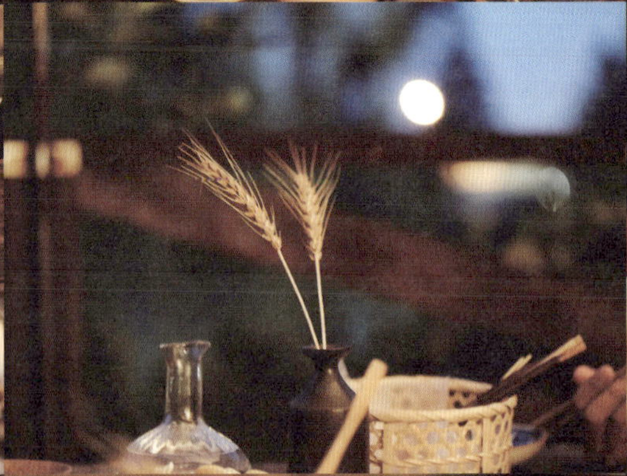
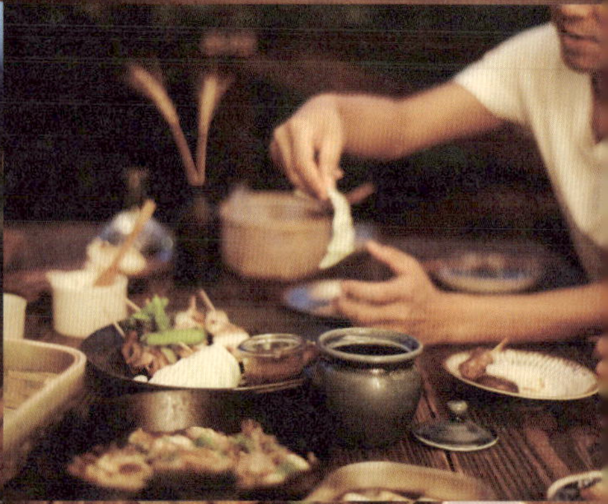
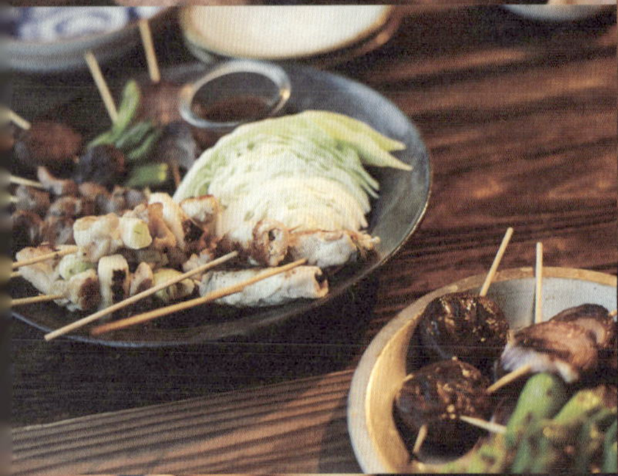
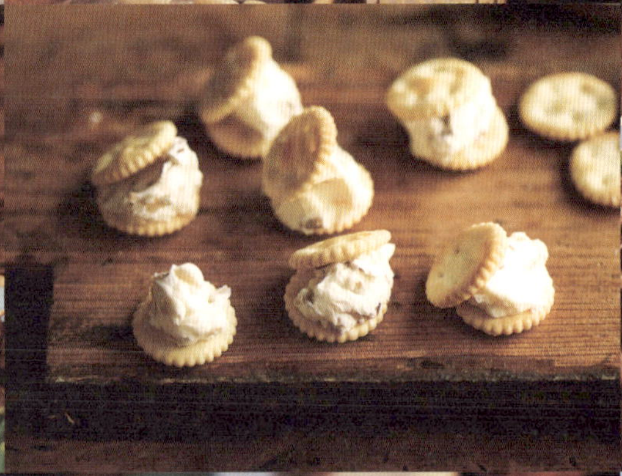
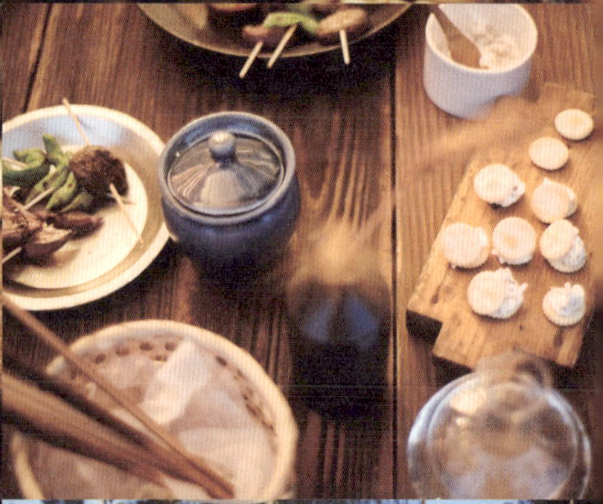
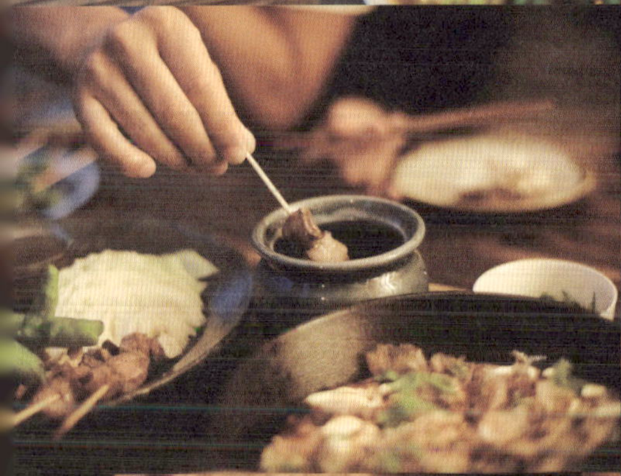
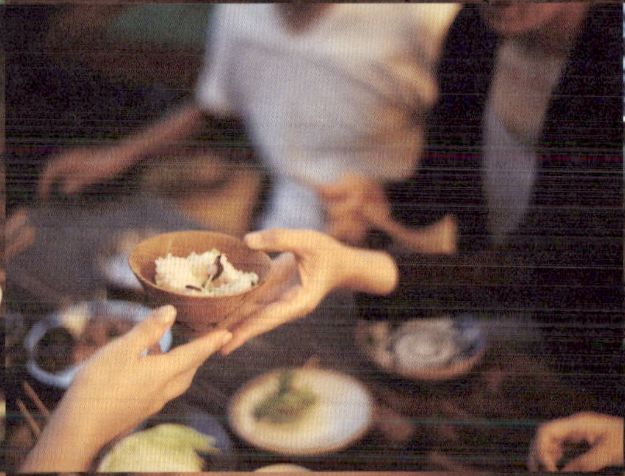
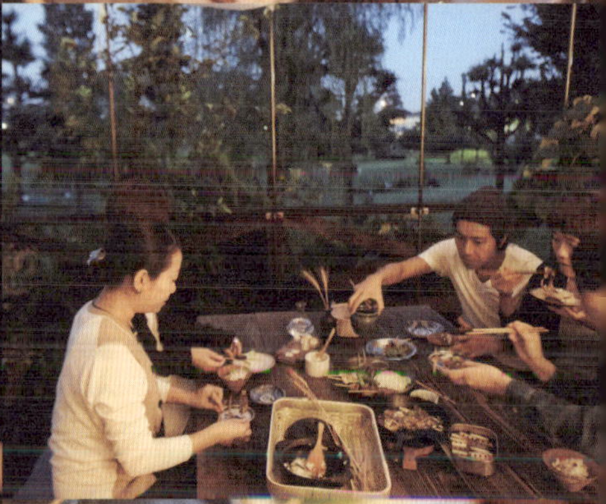
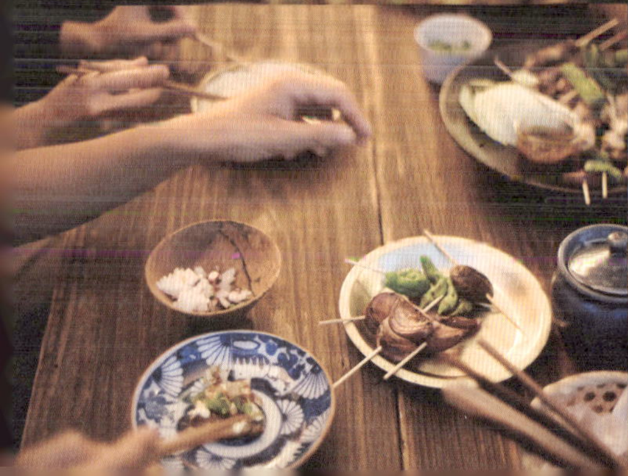
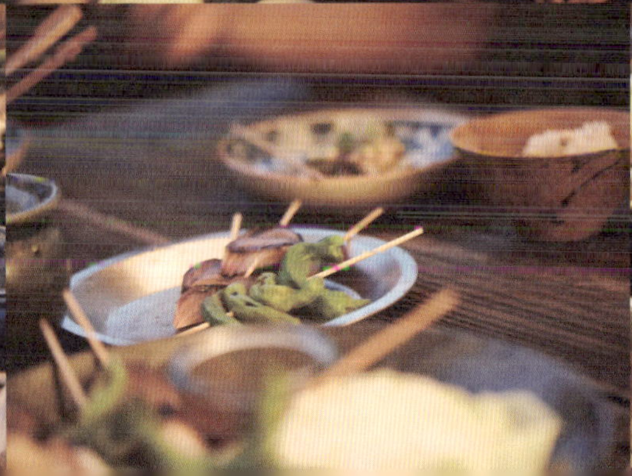
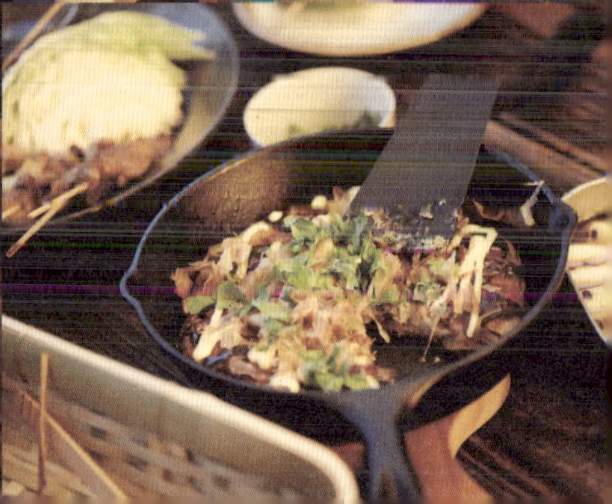

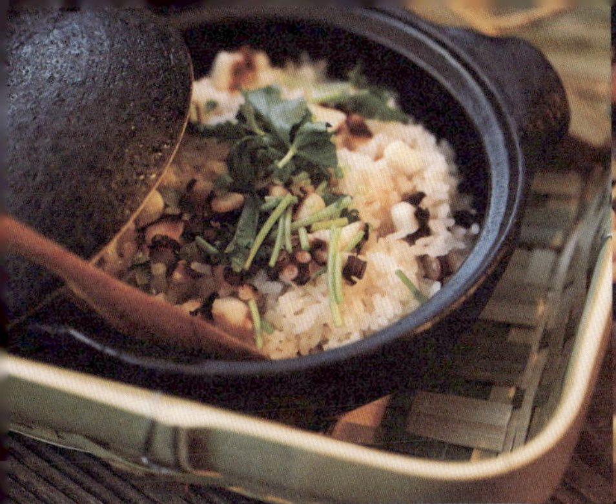
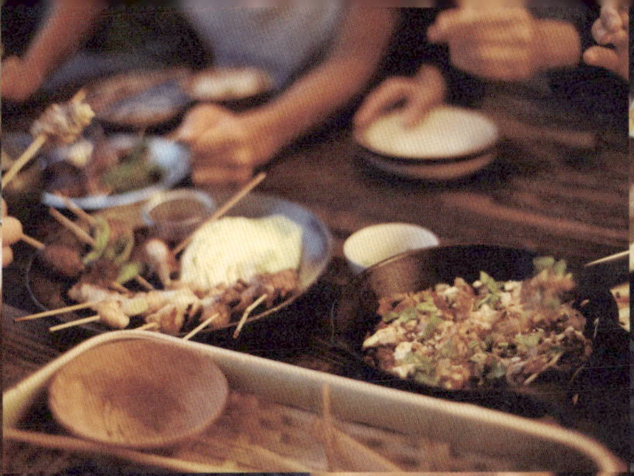
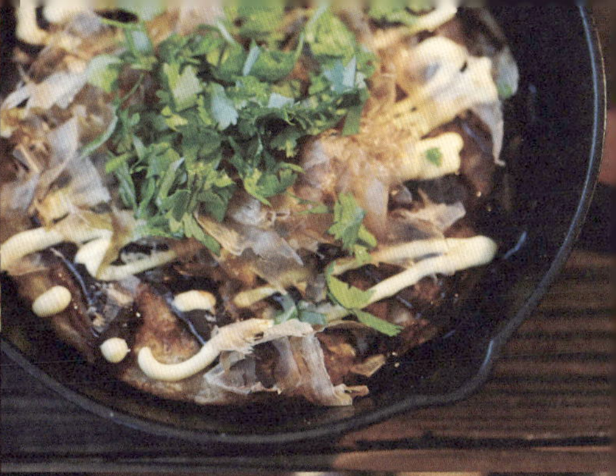
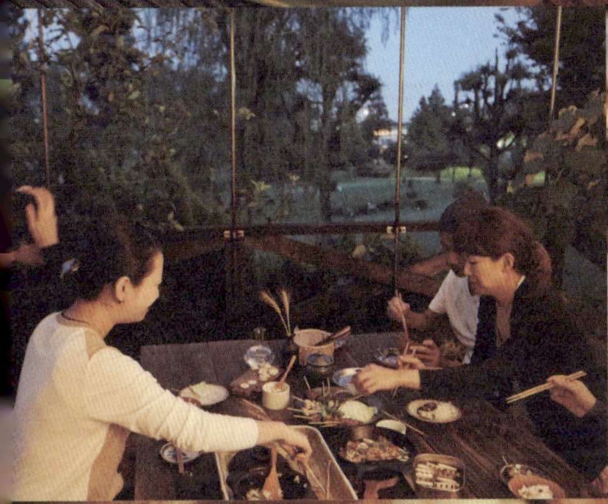
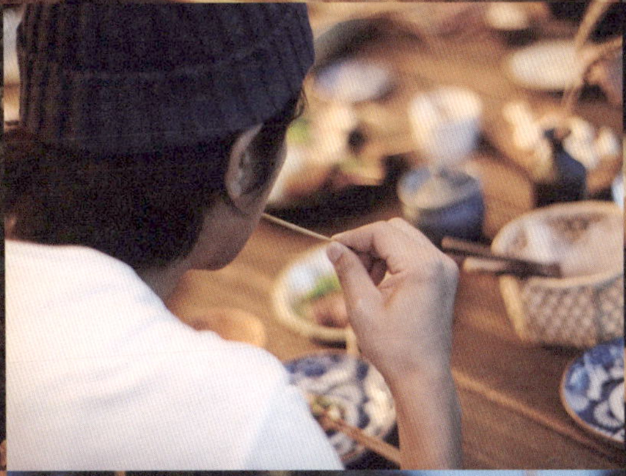
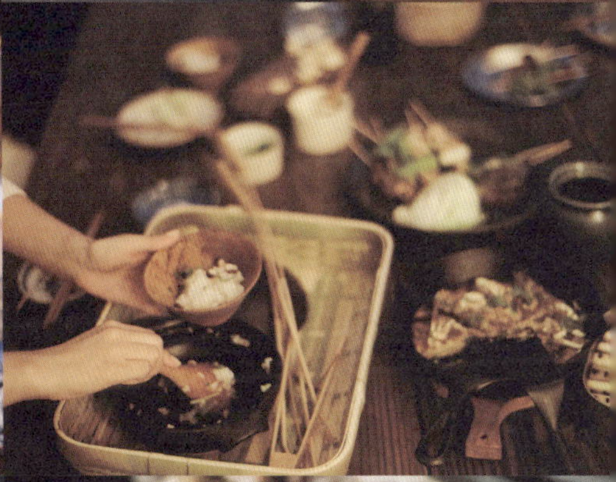
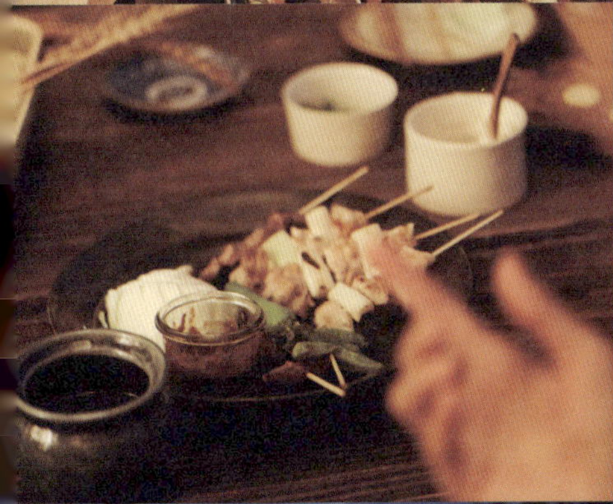
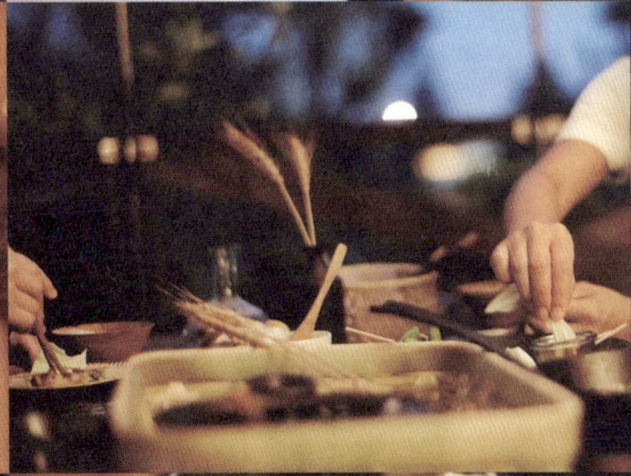
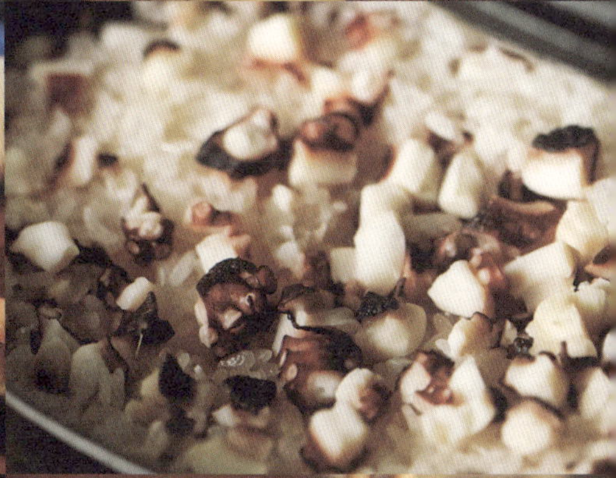

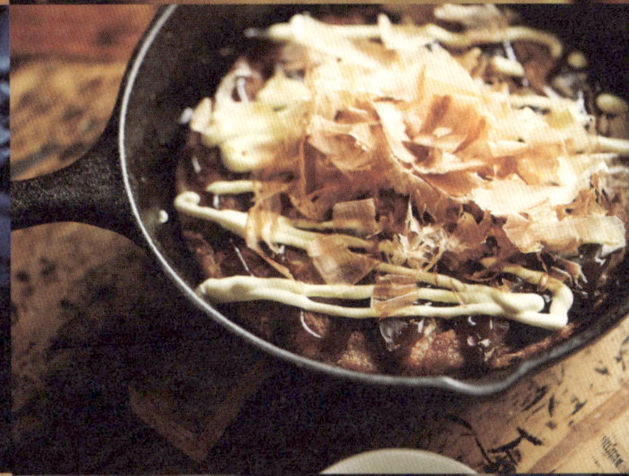
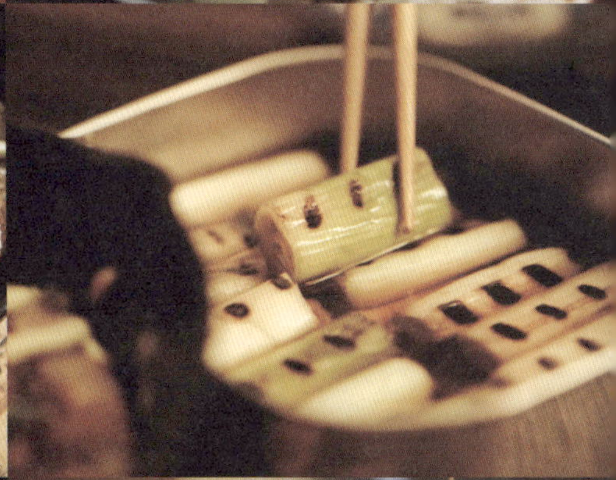
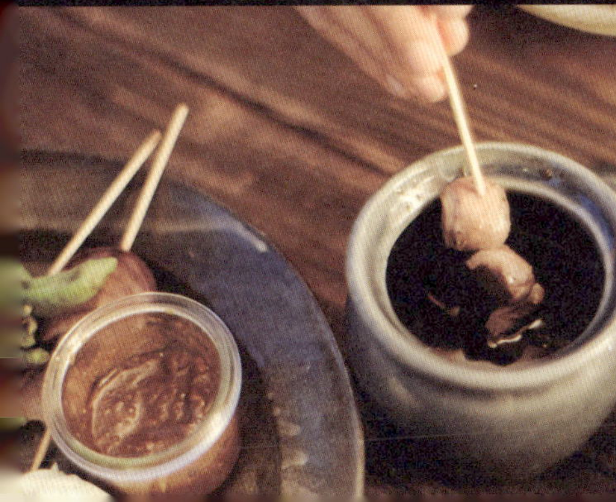
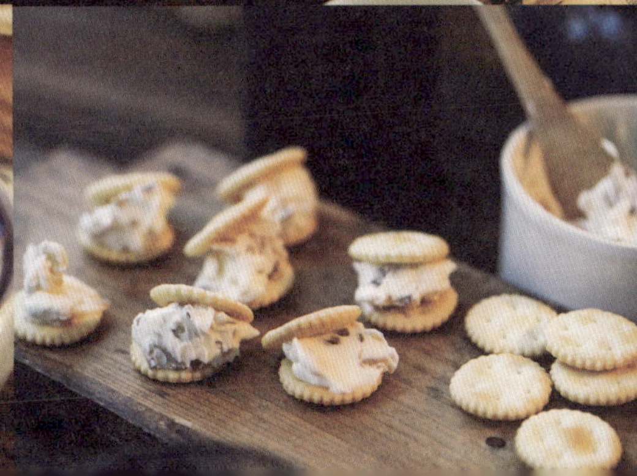
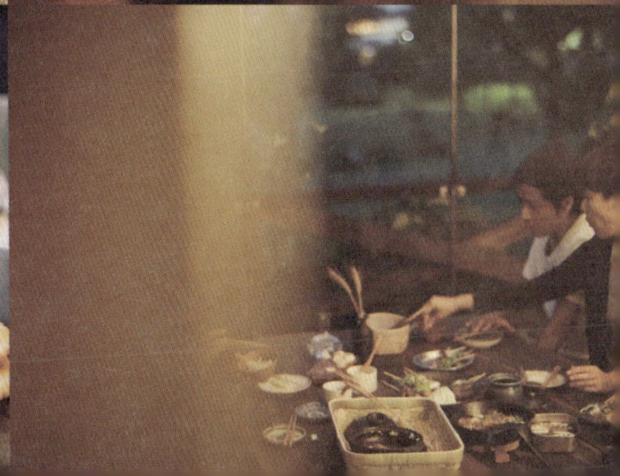

Scene10 Winter Christmas Party

冬のクリスマスパーティー

毎年同じメニューになりがちなクリスマス。
今年は、趣向を変えたパーティーをしてみてはいかがでしょう？

例えばチキンを焼かなくても、ケーキを用意しなくても
さりげない演出でとてもすてきな
おとなのクリスマスパーティーだってできます。

煮込み料理に焼きりんご、
カトラリーはゴールド、キャンドルを灯す。
これだけでもじゅうぶんクリスマスの雰囲気がただよってきます。

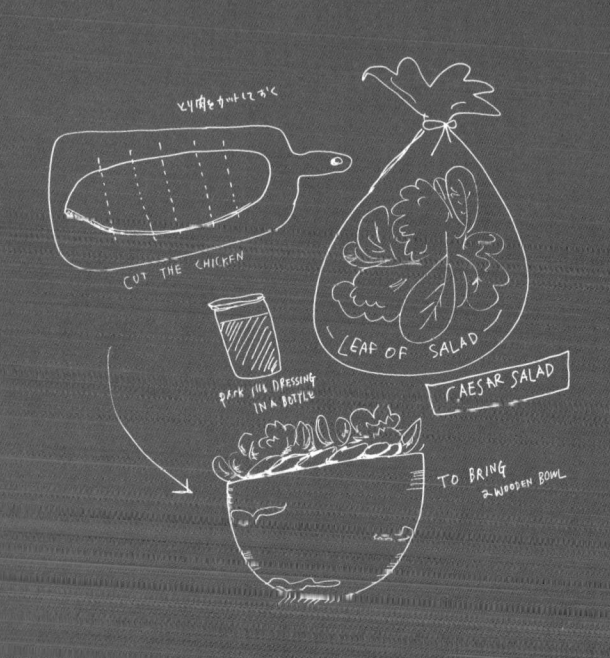

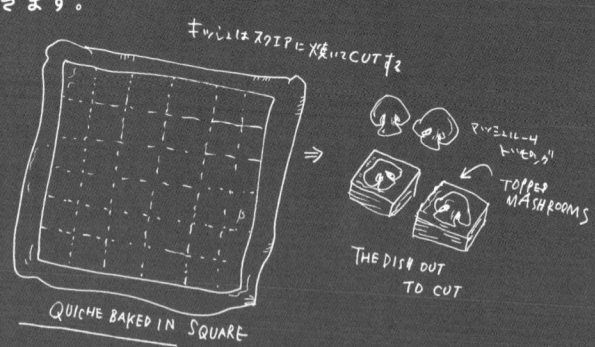

キッシュはスクエアに焼いてCUTする

QUICHE BAKED IN SQUARE
TOPPED MASHROOMS
THE DISH OUT TO CUT

鶏肉をカットしておく
CUT THE CHICKEN

PACK THE DRESSING IN A BOTTLE
LEAF OF SALAD
CAESAR SALAD
TO BRING A WOODEN BOWL

TIME TABLE

2 days before / 2日前 → レシピを決定し、買い物リストの作成
前もって買えるものは買い出ししておく。

1 days before / 1日前 → 買い物・仕込み準備
「根菜のビーフシチュー」…ビーフシチューを煮込む。
「ほうれん草のキッシュ with マッシュルーム」…キッシュを焼く。

On the day / 当日 → 調理 詰め込み

menu

・フルーツトマトのセビーチェ

・ほうれん草のキッシュ with マッシュルーム

・グリルチキンのシーザーサラダ

・ソーセージと豆の煮込み

・根菜のビーフシチュー

・焼きりんご

Scene 10

Winter Christmas Party

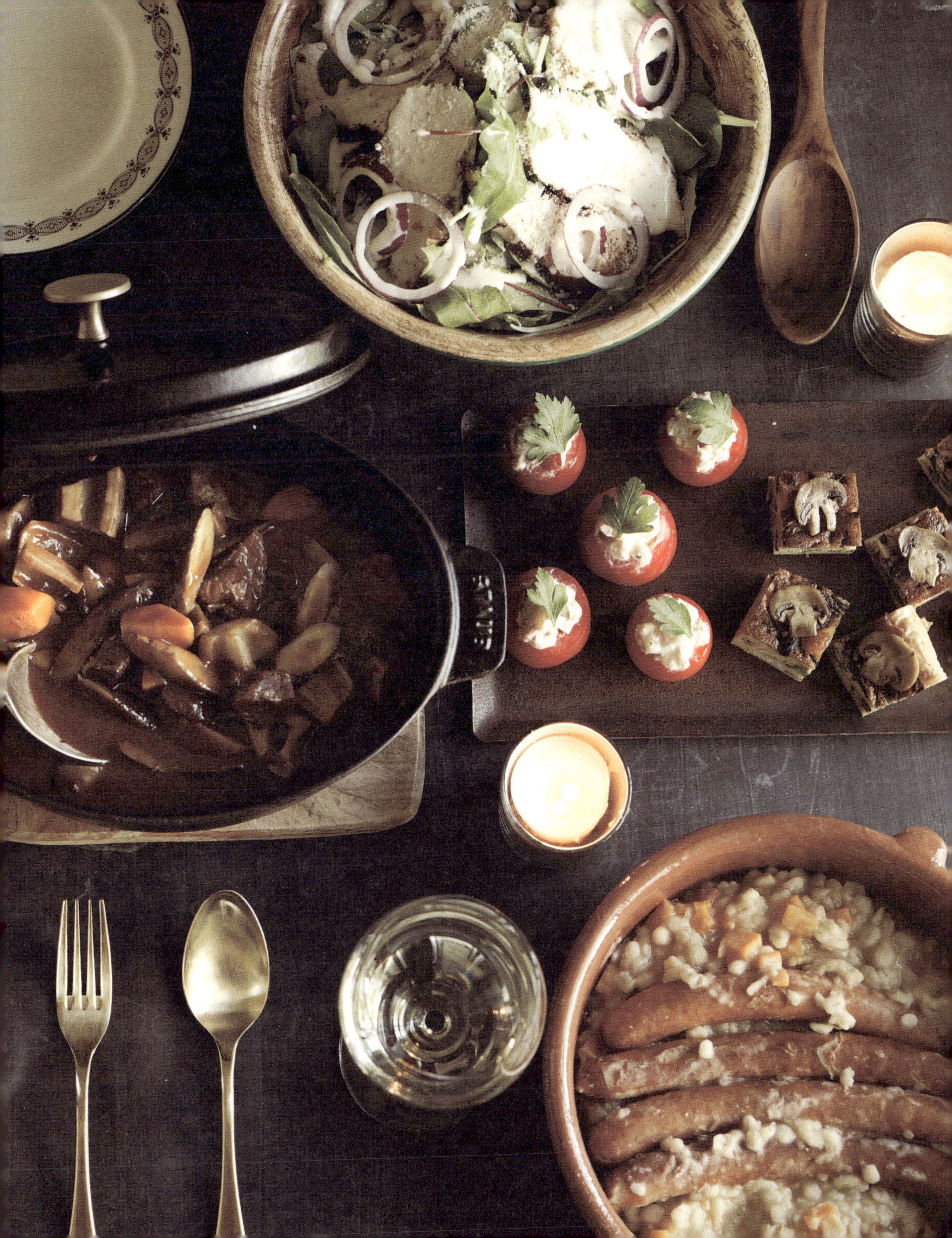

赤と緑、白のクリスマスカラーをアクセントに
フルーツトマトのセビーチェ

【材料】6人分
フルーツトマト	6個
白身魚（刺身・みじん切り）	6切れ
A 赤玉ねぎ（みじん切り）	1/4個
クリームチーズ	40g
EXバージンオリーブオイル	小さじ2
パセリ（みじん切り）	大さじ1/2
塩、こしょう	適量
イタリアンパセリ（飾り用）	適量

comment
セビーチェは魚介と野菜のマリネでペルーの郷土料理です。クリスマスカラーのトマトをお皿にするアイデアです。タッパーなどにキッチンペーパーを敷いてから詰め、保冷剤とともに持ち運びましょう。

【作り方】
1　フルーツトマトはへたを切り落とし、下部を少し切り落として、中身をくり抜く。切り落とした部分はみじん切りにする。
2　ボウルに1でみじん切りにしたフルーツトマトと白身魚、Aを入れて混ぜ合わせる。
3　1のトマトの器の中に2を詰めて、パセリを飾る。

大きく作って小さく切り分けるのがコツ
ほうれん草のキッシュ with マッシュルーム

【材料】20×20cm・スクエア型
ほうれん草	1/2束
A ブラウンマッシュルーム（薄切り）	4個
玉ねぎ（薄切り）	1/4個
にんにく（みじん切り）	1かけ
プロセスチーズ（1cm角）	60g
ハム（1cm角）	3枚
冷凍パイシート	150g
EXバージンオリーブオイル	大さじ1
バター	5g
白ワイン	大さじ1/2
卵	3個
生クリーム、牛乳	50ml
塩、こしょう	少々

comment
スクエア型に焼くと、正方形の一口サイズに切り分けやすく、フィンガーフードにぴったりです。持ちよりパーティーの料理のコツは、大きく作って小さく分けること。ケーキなどもこの方法で焼くと食べやすいです(p.10コツその6「大きく作り、小さく切り分け」を参照)。

【作り方】
1　ほうれん草は塩ゆでして、5cm幅に切る。
2　フライパンにEXバージンオリーブオイルを入れて熱し、Aを炒める。きつね色になったら、バターと白ワインを加えてザッと混ぜる。バットに移して粗熱を取る。
3　ボウルに卵と生クリームを入れて混ぜる。牛乳を加えて混ぜ、塩とこしょうをふる。1と2、プロセスチーズを加えて混ぜる。
4　パイシートは表示通りに解凍する。めん棒で一回りくらい大きく伸ばし、四角形の耐熱皿に敷き詰める。はみ出た部分は、縁に沿って包丁で切り、隙間を埋める。パイ全体にフォークで穴を開ける。
5　4に3を流し入れ、180℃のオーブンで25〜30分焼く。こんがり焼き色がついたら取り出す。
6　冷ましたら、3cm角に切る。

Scene10 Winter Christmas Party

大きな器にどさっと盛ってナチュラルな見栄えに
グリルチキンのシーザーサラダ

【材料】作りやすい分量

鶏むね肉	1枚
塩、こしょう	少々
A ┌ チリパウダー	小さじ1/2
├ コリアンダー	小さじ1/4
├ クミンパウダー	小さじ1/4
└ EXバージンオリーブオイル	大さじ1
にんにく（スライス）	1かけ
レタス	1/2個
赤玉ねぎ	1/4個
ベビーリーフ	1パック
EXバージンオリーブオイル	適量
パルメザンチーズ	適量
シーザードレッシング	適量

【作り方】

1. 鶏むね肉に塩とこしょうをふり、5分くらい置いたらキッチンペーパーで水気をふき取る。ポリ袋にAとともに入れ、10分くらい置く。
2. フライパンににんにくとオリーブオイルを入れて熱し、にんにくがきつね色になったら取り出す。鶏むね肉を入れて表面に焼き色がついたら、バットなどに取り出す。
3. 180℃のオーブンで、2を12分くらい焼く。竹串を刺して透明の肉汁が出たら、取り出して冷ます。冷めたらスライスする。
4. レタスは洗って適当な大きさに手でちぎり、水気を切る。ベビーリーフは洗って水気を切る。赤玉ねぎは輪切りにする。
5. 器に4の半量を入れ、3の半分の量をのせる。これをもう1度くり返す。
6. パルメザンチーズをふりかけ、シーザードレッシングを回しかける。

comment

チキンはスライスしてタッパーに入れ、チーズ、ドレッシングは小瓶などに入れましょう。レタスと赤玉ねぎは混ぜ合わせておいて、ビニール袋やジップロックの袋にキッチンペーパーを敷いたものに入れて持って行きます。ウッドボウルを持参して、ルッコラは現場で盛りつけ。

ウィンターパーティーにはキャンドルを灯して！

クリスマスパーティーはゴールドのカトラリーで統一！

comment

手間はかかりますが、ブラウンルーから作ると市販のルーより断然おいしく、達成感もあります。鍋ごと持って行けば、主役の座を射止めること間違いなし！ 温かいものはやはり温かく食べたいもの。食べる前に温め直しましょう。

時間をかけてブラウンルーから手作りする
根菜のビーフシチュー

【材料】作りやすい分量

■ブラウンルー
無塩バター	20g
強力粉	大さじ2
バルサミコ酢	大さじ1と1/2
パッサータ（裏ごしトマト）	80㎖

牛ばら肉（かたまり）	200g
にんじん（乱切り）	1/2本
れんこん（乱切り）	150g
ごぼう（乱切り）	200g
玉ねぎ（スライス）	1/2個
マッシュルーム（2等分）	5個
サラダオイル	大さじ1
赤ワイン	50㎖
水	260㎖
A ┌ きび砂糖	小さじ1
├ 塩	小さじ1/2
└ タイム、バジル	各1本
こしょう	少々

【作り方】

1 フライパンに無塩バターを入れて弱火で溶かし、強力粉を加える。火から下ろし、なめらかになるまで混ぜる。蓋をして5分くらい置く。

2 再度弱火にかけ、木べらでまぜ続ける。煙がほんのり上がったら火から下ろして混ぜ、再び弱火にかける。これを20分くらいくり返す。

3 チョコレートくらいの色になったら、火から下ろし、余熱でしばらく混ぜたら、バルサミコ酢を加える。みそのような粘度になったら、パッサータを少しずつ加えてなじませる。

4 フライパンに半量のサラダオイルを入れて熱し、4㎝角に切った牛ばら肉を焼く。中まで火を通す。

5 鍋に残りのサラダオイルを入れて熱し、にんじん、れんこん、ごぼう、玉ねぎの順に加えて炒める。玉ねぎが透き通ってきたら、マッシュルームを加え炒める。

6 5に4を肉汁ごと入れる。赤ワインを加えて一煮立ちしたら、半量になるまで煮詰め、水を加えて沸騰させる。

7 Aを加えてこしょうをふり、落とし蓋をして弱火で1時間煮込む。

8 落とし蓋を取り、3（ブラウンルー）を加え、煮溶かす。さらに弱火で20分煮込む。

Scene 10　Winter Christmas Party

お酒によく合う、ビストロ風メニュー
ソーセージと豆の煮込み

【材料】4～6人分

ソーセージ	4～6本
たまねぎ（みじん切り）	1/2個
にんにく（みじん切り）	1かけ
にんじん（1cm角）	1本
白インゲン豆（水煮）	120g
押し麦	50g
EXバージンオリーブオイル	適量
塩、黒こしょう	適量
A　ローリエ	1枚
黒こしょう（粒）	4粒
粗塩	ひとつまみ

comment
鍋のまま持って行くとインパクトのある演出に。難しい場合は、タッパーなどに入れ、ソーセージと豆は分けて持って行きましょう。カップに1人分ずつサーブして、パセリなどを飾ってもよろこばれます。

【作り方】
1　鍋にオリーブオイルを入れて熱し、ソーセージに焼き色がついたら取り出す。
2　同じ鍋で玉ねぎを炒める。しんなりしてきたら、にんにくを加え、香りがたったらにんじんを加え、塩を少々加える。
3　2に白いんげん豆、押し麦を加えて混ぜる。
4　3にたっぷりの水（分量外）を注ぎ、Aを加え、強火にかけて一煮立ちしたら、弱火で10分に煮る。
5　器に盛り、黒こしょうを挽き、ソーセージをのせる。

シナモンスティックをストローのように差して
焼きりんご

【材料】6人分

りんご（あれば紅玉）	6個
グラニュー糖	大さじ6
無塩バター	30g
レーズン	適量
シナモンスティック	6本

comment
冷めてもおいしい焼きりんごですが、少し温め直して、アイスクリームやサワークリームを添えて出すのもおすすめです。りんごは現場で切り分けたほうが目を引き、テーブルのすてきなアクセントにもなります。

【作り方】
1　りんごは上部を切り落とし、芯をくり抜き、竹串で全体に穴をあける。
2　1のくりぬいた部分に、1個あたり、大さじ1のグラニュー糖、5gの無塩バター、レーズンひとつまみ、シナモンスティック1本を差す。1で切り落とした部分を蓋にする。
3　耐熱容器に並べて、150℃のオーブンで50分焼く。

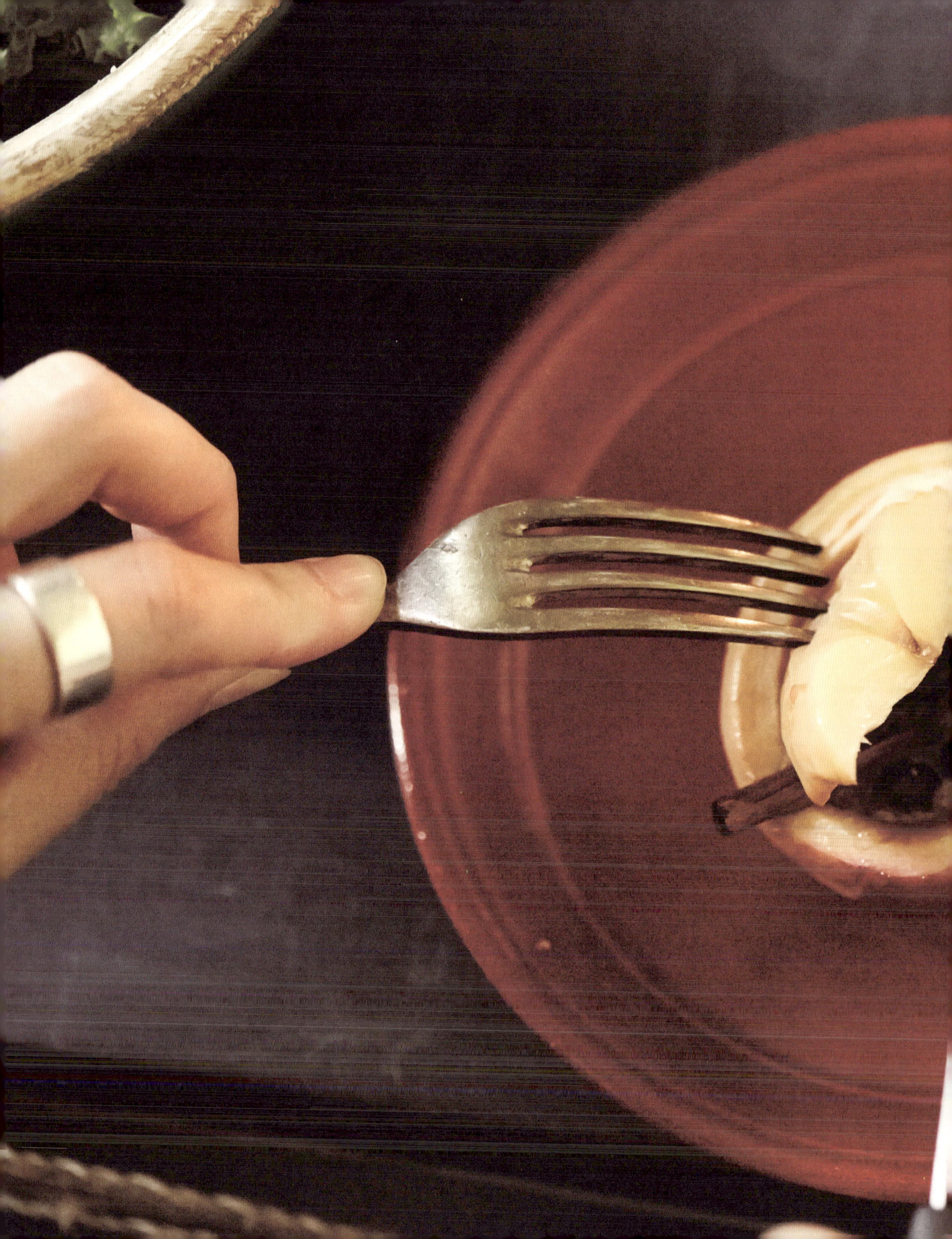

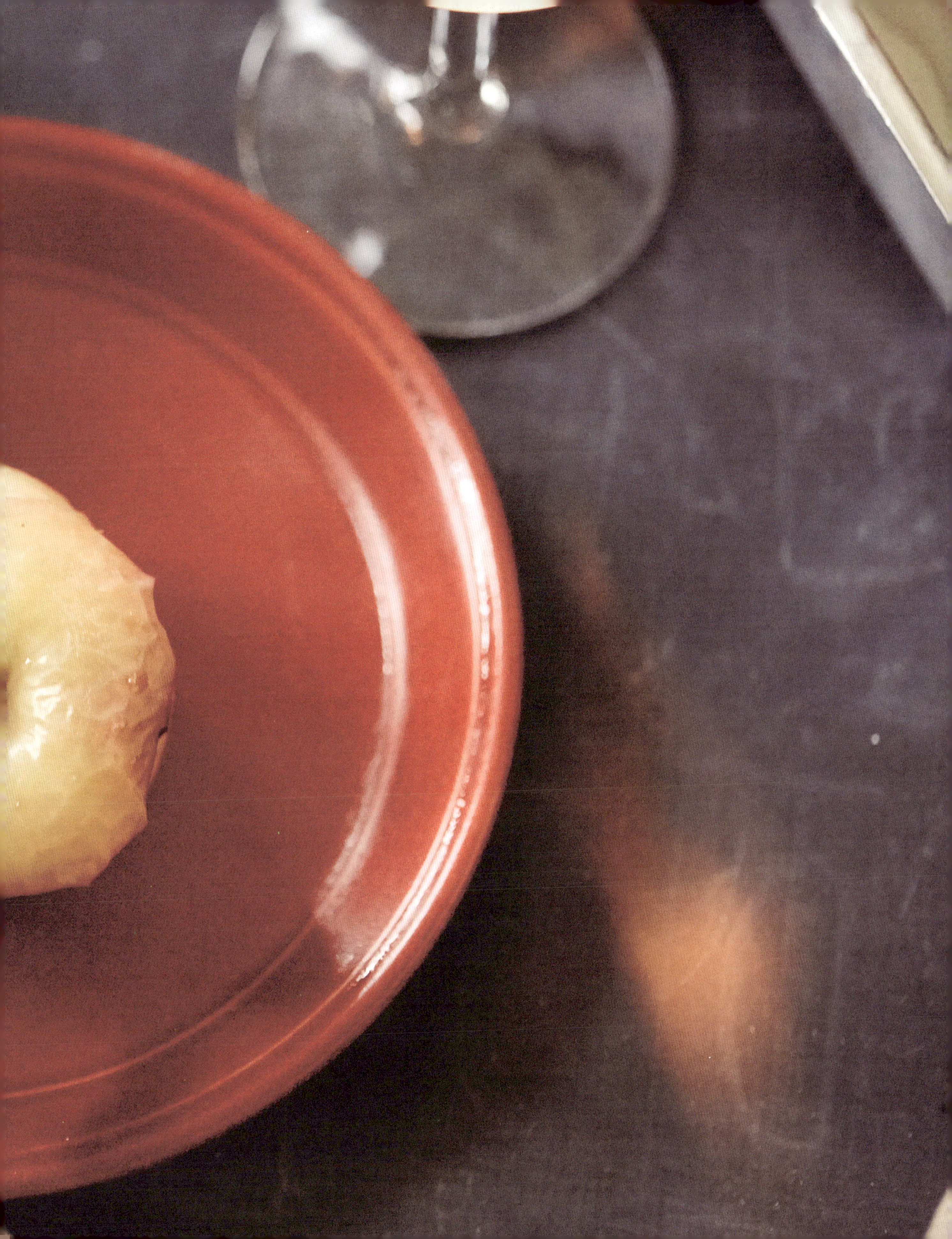

ココアパウダーやジャムなど、現場でのひと作業でいっそうおいしく食べられるものもあります。

メニュー構成のコツ

フィンガーフード、ピンチョス

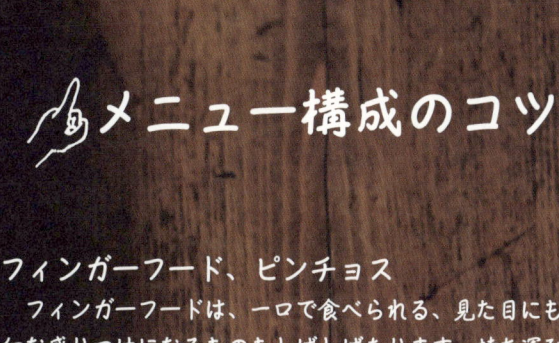

フィンガーフードは、一口で食べられる、見た目にもかわいいパーティーの定番メニュー。繊細な盛りつけになるものもしばしばあります。持ち運び時には、盛りつけを崩さない工夫が必要です。

・プチトマトのファルシ（p.114）
卵のパックやお弁当用のカップを入れて持って行くのがおすすめ。卵のパックがない場合はタッパーに入れて。隙間があくとコロンと倒れて崩れてしまうので、間をキッチンペーパーやアルミホイルで埋めましょう。タッパーで持って行く場合は、クッキングペーパーなどを敷くと滑り止めになり、水分も吸収してくれます。トマトはへたの部分を下にすると転がりにくくなります。

・たこのガルシア風ピンチョス（p.114）、ゴルゴンゾーラとくるみのカナッペ（p.115）など
のせるだけ、刺すだけの下ごしらえをして、パーツごとに別々に持って行きましょう。

デリ

メインのがっつりお肉系などの箸休め的なものにするとよろこばれます。野菜中心で、彩りもきれいなものがいいでしょう。ホーローの容器やガラスのタッパー、ジップロックのコンテナでも、彩りを考慮して詰めれば、ハッと驚かれることもあります。

彩りをよくするコツとしては、カラフルな野菜の組み合わせにすること。例えばズッキーニ、パプリカ、にんじんのアンチョビマリネ（p.117）などです。色味を抑えた野菜（キャベツなど）に赤（桜えび、トマトなど）、黒（芽ひじき、きくらげ、きのこ、黒オリーブなど）の食材を合わせる。このように、カラフルなものにアクセントとして色味をプラスして引き立て合うものを選びます。

ついつい作りすぎてしまうデリは、少なめくらいでちょうどいいです。

メイン

メインはやっぱり、お肉、お魚、ごはんもの。お肉は塊で調理して切り分けて持って行くと見た目にも迫力があり、なによりかたまりで焼いたりゆでたりするとうまみが閉じ込められます。調理法はマリネして（漬込み）から調理すると味もしみていて、冷めてもやわらかく、おいしいです。

つけ合せにもセンスが問われます。牛肉ならさっぱりと葉もののサラダを添えて。豚肉には根菜や豆類が合います。鶏肉はレモンなど柑橘の果物をアクセントにするとおしゃれで美味。ごはんも酢飯にしたり、サフランやスパイスを使って腐敗を防いだり、冷めてもおいしい工夫があるといいですね。

デザート

デザートは別腹。とはいえたくさんの料理を食べて満腹になったところで口にするものなので、食べやすくさっぱり感のあるものがおすすめです。あまり力を入れすぎず、果物を多くし、スパイスなどを取り入れてみてはいかがでしょうか。また、仕上げにジャムをのせたり、粉糖やココアをかけたりするものは、別で持って行くとよいでしょう。

FINGER FOOD & PINCHOS

1 たこのガルシア風ピンチョス

【材料】作りやすい分量
- ゆでだこ ── 150g
- じゃがいも ── 1個
- A ┌ パプリカパウダー ── 少々
  └ EXバージンオリーブオイル、塩 ── 適量

【作り方】
1. ゆでだこは一口大の乱切りにする。じゃがいもは皮つきのまま、水からゆでて、皮をむき、一口大の乱切りにする。
2. 竹串にたこ、じゃがいもの順に刺し、Aをかける。

パプリカパウダーをひとふり

2 プロシュートといちじくのカナッペ

【材料】作りやすい分量
- バゲット（スライス） ── 1/2本
- プロシュート ── 5〜6枚
- いちじく ── 2個くらい
- プルーン（ドライ） ── 5個くらい
- ディル ── 適量
- EXバージンオリーブオイル ── 適量
- こしょう ── 適量

【作り方】
1. プロシュートは1枚を3等分くらいに切る。いちじくは1個を8等分くらいのくし形に切る。プルーンは1個を3等分にする。
2. バゲットにプロシュート、いちじく、プルーン、ディルを飾り、EXバージンオリーブオイルとこしょうをかける。

女性受け抜群の組み合わせ

3 ゆで鶏とバジルのトルティーヤ

【材料】作りやすい分量
- 鶏むね肉 ── 1枚
- A ┌ 長ねぎ（青い部分） ── 1本分
  │ しょうが（スライス） ── 3枚
  │ セロリ（葉） ── 1本分
  └ 鶏ガラスープ ── 鶏肉がかぶるくらい
- バジル ── 10枚
- まいたけ ── 20g
- サラダオイル、塩、こしょう ── 適量
- バジルペースト ── 適量
- トルティーヤ ── 2枚
- ※ワックスペーパー

【作り方】 ※作り方のコツはp.133を参照
1. 鍋に鶏むね肉を入れ、Aを加えて火にかける。一煮立ちしたら中〜弱火で20分煮る。粗熱が取れたら、裂く。
2. まいたけは適当な大きさに手でちぎり、油で炒めて塩、こしょうをふる。
3. トルティーヤに2を適量のせ、バジル2枚とバジルペーストを塗って、手前から巻く。
4. ワックスペーパーかオーブンシートで丸め、切る。

4 プチトマトのファルシ

【材料】10個分
- プチトマト ── 10個
- クスクス ── 50g
- 野菜のだし（ベジブロス） ── 50ml
- しめじ ── ひとつかみ
- ターメリック ── 少々
- EXバージンオリーブオイル、塩、こしょう ── 適量

【作り方】
1. ボウルにクスクスを入れ、EXバージンオリーブオイルと塩、こしょうをふり、ターメリックも加えて混ぜる。野菜のだしを注いで10分蒸らす。
2. フライパンにサラダオイルを入れ、しめじを炒め、塩とこしょうをふる。1を加えて混ぜる。
3. トマトのへたの部分を切り落とし、中身をくり抜き、2を入れる。

クスクスをあふれるように詰めて

ワックスペーパーで一口サイズに

6 煮卵とまぐろのたたき

【材料】10本分
- うずらの卵（水煮） ——— 5個
- A ┌ 酢 ——— 大さじ4
-   │ しょうゆ ——— 大さじ2
-   │ ナンプラー ——— 大さじ2
-   └ 水 ——— 30ml
- まぐろ（冊） ——— 150g
- EXバージンオリーブオイル ——— 適量
- 塩、こしょう ——— 適量
- にんにく（スライス） ——— 10枚

【作り方】
1. ビニール袋にうずらの卵とAを入れて一晩漬ける。
2. まぐろに塩とこしょうをふる。
3. フライパンにEXバージンオリーブオイルとにんにくを入れて火にかける。にんにくがきつね色になったら取り出して、まぐろの表面をサッと焼く。
4. まぐろを取り出し、粗熱が取れたらサイコロ状に切る。
5. 竹串にガーリックチップ、半分に切ったうずらの卵、まぐろの順に刺す。

> うずらの黄身を上側にしておしゃれに

> 具材を串に通して手に取りやすく

5 厚揚げと生ハム、グリーンオリーブのチリペッパー

【材料】作りやすい分量
- 厚揚げ ——— 1枚
- EXバージンオリーブオイル ——— 適量
- バルサミコ酢 ——— 大さじ1
- 生ハム ——— 5枚
- グリーンオリーブ ——— 10〜15粒
- ミント（葉） ——— 10〜15枚
- カイエンヌペッパー ——— 適量

【作り方】
1. 厚揚げは1.5cm角くらいに切って、EXバージンオリーブオイルで焼き、バルサミコ酢を回しかける。
2. 1に生ハムを巻く。
3. 竹串にグリーンオリーブ、ミント、1の順に刺して、好みでカイエンヌペッパーをふる。

> はちみつは好きなだけたっぷりかけて

7 ゴルゴンゾーラとくるみのカナッペ

【材料】作りやすい分量
- クラッカー ——— 20枚くらい
- ゴルゴンゾーラ ——— 50g
- くるみ ——— 6粒くらい
- はちみつ ——— 適量

【作り方】
1. くるみは乾煎りし、砕く。
2. クラッカーにゴルゴンゾーラとくるみをのせ、はちみつをかける。

8 さつまいものカレーサモサ

【材料】春巻きの皮6枚分
- さつまいも（輪切り） ——— 1/4本
- ベビーチーズ（角切り） ——— 15g
- バター ——— 10g
- A ┌ カレー粉、シナモン、
-   └ ガラムマサラ ——— 各小さじ1/4
- 塩、こしょう ——— 少々
- 春巻きの皮 ——— 6枚
- 水溶き片栗粉 ——— 適量
- サラダオイル ——— 適量

【作り方】
1. さつまいもはやわらかくなるまでゆでて、皮をむきつぶす。
2. ボウルに1とベビーチーズ、バター、Aを入れて混ぜる。
3. 春巻きの皮を3等分に切って、2を小さじ1くらいのせ、三角形に包んで、水溶き片栗粉でとめる。サラダオイルで揚げる。

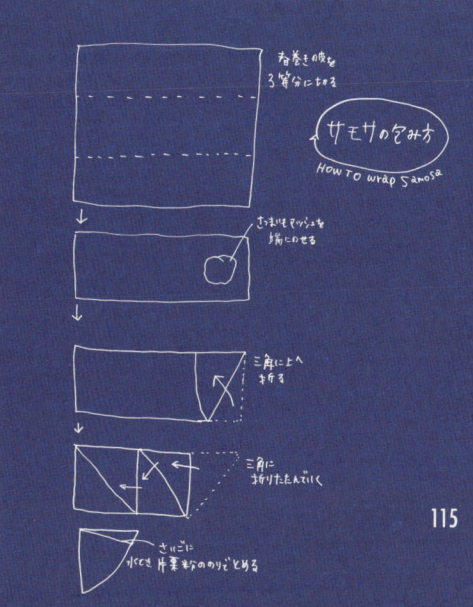

> パリッと皮にほくほく食感

サモサの包み方 / HOW TO wrap samosa

- 春巻きの皮を3等分にする
- さつまいもマッシュを端にのせる
- 三角に上へ折る
- 三角に折りたたんでいく
- さいごに水溶き片栗粉のりでとめる

DELI

キャベツとえのき、桜えびのナンプラーサラダ

きのことえびのうまみたっぷり

【材料】4～6人分

キャベツ	1/2個
えのき	100g
しめじ	100g
芽ひじき	大さじ1
A ┌ ごま油	大さじ2
│ ナンプラー	大さじ1
│ しょうが（すりおろし）	1かけ
│ レモン汁	1/2個分
└ 塩	小さじ1/4
桜えび	大さじ1
白いりごま	小さじ1
パクチー	1本

【作り方】
1. 蒸し器を温めて、ざく切りにしたキャベツを軽く蒸す。
2. 適当な大きさに切ったえのきとしめじをサッと湯通しする。
3. 小鍋に湯（分量外）をわかし、芽ひじきを入れて4分くらいゆで、ざるに取る。
4. 1～3、それぞれ粗熱が取れたら、しっかりと水気を切る。
5. ボウルにAを混ぜ合わせて、4を入れる。
6. 桜えびと白ごま、ざく切りにしたパクチーを加えて、ざっくりとあえる。

COMMENT
キャベツは水分が多いので、軽く蒸すのがポイントです。しっかりと水気を切ることを忘れずに。きのこのだしやナンプラーやしょうが、桜えびが、味のインパクトを強めてくれます。パーティーは偏ったメニューになりがちなので、野菜をたくさん食べられる料理で心配りを。

長いも、エリンギ、にんじん、いかのピクルス

野菜はもちろん、魚介類も漬けてみよう！

【材料】作りやすい分量

長いも	1/3本
エリンギ	30g
にんじん	1/2本
いか（胴）	1/2杯
A ┌ 塩	大さじ1
│ 砂糖	50g
│ 白ワイン	200㎖
└ レーズン	大さじ1/2
赤唐辛子	1本
黒こしょう（粒）	10粒
クローブ	4粒

【作り方】
1. 鍋にAの材料を入れて、一煮立ちさせ冷ます。
2. 長いも、エリンギ、にんじん、いかは、幅1㎝・長さ5㎝に切る。
3. エリンギ、にんじん、いかは沸騰した湯にくぐらせ、ざるにあげてしっかりと水気を切る。
4. 3と長いもを保存瓶に入れ、1のピクルス液を瓶いっぱいに注ぐ。2日漬ける。

COMMENT
野菜のピクルスは、間違いなく箸休めの主役。魚介を加えるとパーティー仕様に。えびやほたて、あさりでもおいしく作れます。

お酒のつまみにぴったりの塩気

ズッキーニ、パプリカ、にんじんのアンチョビマリネ

【材料】5人分
- ズッキーニ 　　　　　　　　　1本
- 黄・赤パプリカ 　　　　　　　各1個
- にんじん 　　　　　　　　　　1本
- A ┌ アンチョビ（みじん切り）　4本
  ├ 黒こしょう　　　　　　　　適量
  └ レモン汁　　　　　　　　　1/2個分
- EXバージンオリーブオイル　　　50ml
- にんにく（つぶす）　　　　　　2かけ
- 塩、こしょう　　　　　　　　　適量

【作り方】
1. ズッキーニは1.5cm幅の輪切り、パプリカは5等分に切ってグリルパンで焼く。にんじんは250℃のオーブンで30分丸焼きにする。粗熱が取れたら、皮をむいて輪切りにする。
2. フライパンににんにくとオリーブオイルを入れて加熱する。にんにくがきつね色になったら取り出す。粗熱が取れるまで冷ます。
3. ボウルにAを混ぜ合わせ、2を加えてよく混ぜて、1を入れて漬ける。

COMMENT
グリルパンがなければフライパンでOK。焼き色をつけると一層おいしく見えます。マリネは野菜の甘みも引き出します。タッパーに入れて落としラップをかけておくとよく味がしみ込みます（p.10コツその8「マリネ液に浸す」を参照）。

COMMENT
見た目がとにかくかわいい料理。ミルフィーユのように重ねたものはとてもおしゃれに見えます。家で切り分けておいて、盛るだけにしておくと楽ちんです。トマトは市販のドライトマトを使ってもOK。

ドライトマトとなす、ズッキーニの重ねマリネ

おしゃれな野菜のミルフィーユ

【材料】作りやすい分量
- プチトマト　　　　　　　　　　10個
- なす　　　　　　　　　　　　　1本
- ズッキーニ　　　　　　　　　　2本
- にんにく（スライス）　　　　　1かけ
- バジル（葉）　　　　　　　　　1本分
- A ┌ EXバージンオリーブオイル　大さじ2
  ├ 粒マスタード　　　　　　　大さじ1
  ├ 白ワインビネガー　　　　　大さじ1
  └ バルサミコ酢　　　　　　　大さじ1
- 塩、こしょう　　　　　　　　　適量

【作り方】
1. プチトマトは半分に切り、塩をふって10分くらい置き、水気を拭き取る。150℃のオーブンで30分焼く。
2. なす、ズッキーニは縦に5mm幅くらいに切り、横2等分に切る。塩とこしょうをふる。
3. フライパンにEXバージンオリーブオイル（分量外）とにんにくを入れて熱し、きつね色になったら取り出し、2を両面それぞれ両面焼く。
4. 保存容器にラップを敷き、なす、バジル、にんにく、A、ドライトマト、ズッキーニの順で重ねて層にして、冷蔵庫で2時間くらい冷やす。

DELI

> スープ仕立ての上品な味わい

アスパラガスの洋風おひたし

【材料】作りやすい分量
アスパラガス		20本
A ┌ EXバージンオリーブオイル		大さじ2
├ コンソメスープ		300㎖
├ 水		50㎖
├ 薄口しょうゆ		大さじ2
└ みりん		大さじ2

【作り方】
1. アスパラは根元を切り落とし、半分くらいまでピーラーで皮をむく。
2. フライパンに湯をわかし、アスパラガスを塩ゆでする。冷水にとって色止めする。
3. 鍋にAの材料を混ぜ合わせ、ひと煮立ちさせ、保存容器に移す。冷ましてから2を入れる。落としラップをかけて冷蔵庫で冷やす。

COMMENT

アスパラガスは、切らずに1本のままが、スラッとした姿で目を引きます。黄金色のマリネ液に泳がせてあげると、テーブルの演出のアクセントに。スープ仕立ての上品な味なので、ほかの料理とも調和する惣菜です。

COMMENT

にんにくオイルの材料は、にんにく5かけ、オリーブオイル400㎖。鍋にみじん切りにしたにんにくとオリーブオイルを入れて弱火にかけます。にんにくがきつね色になったら、火から下ろして粗熱が取れたら、料理に使えます。清潔な瓶に入れて、冷蔵庫で保存しておくと重宝します。

ナムル

> 野菜はかためにゆでて歯ごたえをたのしむ

【材料】作りやすい分量
じゃがいも（千切り）		2個
きゅうり（千切り）		1本
にんじん（千切り）		1本
ほうれん草		1束
もやし		200g
A ┌ にんにくオイル		大さじ1
├ ごま油		大さじ1
├ 塩、こしょう		適量
├ 鶏ガラスープの素（顆粒）		ひとつまみ
└ 白炒りごま		小さじ2
白すりごま		少々

【作り方】
1. じゃがいもとにんじん、もやしは、1分ゆでる。きゅうりは塩もみして水気を切る。ほうれん草は塩ゆでして水気を絞り、5cm幅くらいに切る。
2. ボウルにじゃがいもときゅうりを入れてAであえる。にんじん、ほうれん草、もやしもそれぞれAであえる。白すりごまをふる。

> えんどう豆は開いて飾ると華やか！

たこと緑野菜のサラダ

【材料】作りやすい分量
ゆでだこ	200g
ブロッコリー	1房
スナップえんどう	20本
A　ドライトマト	3枚
ブラックオリーブ	10粒
アンチョビ	4尾
ケイパー	大さじ1
EXバージンオリーブオイル	100mℓ
塩、こしょう	適量

【作り方】
1. ゆでだこはぶつ切りにする。ブロッコリーは小房に分け、かために塩ゆでする。スナップえんどうは筋を取って、塩ゆでして開く。
2. フードプロセッサーにAを入れて撹拌する。
3. 1と2を大さじ2〜3混ぜ合わせ、塩とこしょうで味を調える。

COMMENT

作り方「2」でできるディッピングオイルは、さまざまな酢漬けやドライのものを混ぜているので、とてもいいアクセントになってくれます。たこはいいだしが出るので、レモンと塩であえただけでもしっかりインパクトのある味になります。

鶏肉ときのこ、ごぼうのエスカベッシュ

> しっかりと味のしみこんだ

【材料】4人分
鶏もも肉	250g
ごぼう（乱切り）	1本
長ねぎ	1本
しいたけ	4枚
まいたけ	100g
エリンギ	100g
塩、こしょう	適量
片栗粉	適量
サラダオイル	適量
A　米酢	60mℓ
酒	10mℓ
みりん	20mℓ
薄口しょうゆ	30mℓ
レモン汁	1個分
赤唐辛子（輪切り）	1つまみ
レモン（皮）	1/4個分

【作り方】
1. ごぼうはサッと水にさらして水気を切り、片栗粉をまぶす。しいたけは、縦に2等分（大きければ4等分）に切る。まいたけとエリンギは適当な大きさにちぎる。
2. 鶏むね肉は一口大に切り、塩とこしょうをふり、サラダオイル（分量外）であえる。1時間くらい置いてから、フライパンでじっくりと火を通す。
3. 鍋にサラダオイルを入れて熱し、ごぼうを揚げる。きのこ類は素揚げする。ねぎは4cm幅に切り、網かフライパンで焼き色がつくまで焼く。
4. 小鍋にAを入れ、一煮立ちしたら火を止める。
5. 4に2と3を浸し、レモンの皮を加えて混ぜ合わせる。

COMMENT

根菜に味がしみ込みやすくするために、片栗粉をつけて揚げます。鶏肉もマリネすることでやわらかくジューシーに仕上がります。子ども向けには、唐辛子を除き、小ねぎや三つ葉をざっくり切って盛ると、色味もきれいです。

MAIN

海の香りと
野菜の
つけだれ

魚のグリル with 海苔のソース＆モザイクだれ

【材料】4〜6人分
- カジキまぐろ（切り身） —— 400g
- 塩、こしょう —— 適量
- バター —— 10g
- 水 —— 20㎖
- 海苔 —— 全形1枚
- A ┌ EXバージンオリーブオイル —— 50㎖
-   │ しょうゆ —— 大さじ2
-   └ パセリ（みじん切り） —— 大さじ1
- ライム —— 適量
- B ┌ トマト（角切り） —— 1/2個
-   │ きゅうり（角切り） —— 1/2本
-   │ 赤玉ねぎ（粗みじん切り） —— 1/8個
-   │ 赤ワインビネガー —— 大さじ1
-   │ EXバージンオリーブオイル —— 大さじ1
-   └ 塩 —— 少々

【作り方】
1. カジキまぐろは1切れを2等分にして塩とこしょうをふる。
2. フライパン、あればグリルパンにバターを熱し、1を両面焼く。
3. ボウルに海苔をちぎって入れ、水を加えてふやかし、Aと混ぜ合わせライムを搾る。
4. Bの材料を混ぜ合わせる。

魚焼きグリル
で作れる
豪華料理

ドレッシングや添える野菜、パルミジャーノ・レッジャーノは現場で作業するようにしましょう。ルッコラは洗って水気を切り、茎を切り落としたら、濡らしたキッチンペーパーで枝の部分をくるみ、ラップで包んで持って行きます（参照p.10コツその7「現場で作業」を参照）。パルミジャーノ・レッジャーノは、市販の粉チーズでもOKですが、現場で削るとよりパーティー感が高まります。

ローストビーフ with わさびしょうゆドレッシング

【材料】4〜6人分

牛肉（かたまり）	400g
塩、こしょう	適量
A　EXバージンオリーブオイル	大さじ4
しょうゆ	大さじ3
わさび	小さじ2
パルミジャーノ・レッジャーノ	適量
ルッコラ	1束
プチトマト	6個

【作り方】

1　牛肉は1時間常温に置く。塩とこしょうをふる。
2　魚焼きグリルに水をはって、余熱3分。片面3〜5分くらいずつ焼く。肉の状態によって焼く時間は調整する。10分は開けずに、そのまま余熱で火を通す。薄くスライスする。
3　Aの材料を混ぜ合わせ、ドレッシングを作り、2にかける。
4　3に半分に切ったトマトをのせる。ルッコラを添え、パルミジャーノ・レッジャーノを削りかける。

MAIN

香ばしい
パン粉の食感
が魚とマッチ

あじの香草パン粉焼き

【材料】作りやすい分量

あじ（3枚におろす）	2尾
塩、こしょう	適量
トマトソース	適量
にんにく（スライス）	1かけ
EXバージンオリーブオイル	適量
薄力粉	少々
A ┌ パン粉	大さじ4
├ エルブドプロバンス	大さじ1
└ EXバージンオリーブオイル	大さじ1

【作り方】

1. あじは小骨を取り除き、塩とこしょうをふる。薄力粉をまぶす。
2. Aを混ぜ合せ、フライパンでカリカリになるまで焼く。
3. フライパンにEXバージンオリーブオイルとにんにくを入れて火にかけ、にんにくがきつね色になったら取り出す。
4. 1を皮の面から焼き、両面焼く。
5. 器にトマトソースを敷いて、4をのせ、2をふりかける。

立食でも
食べやすい
小分けのカップ

Comment

カップに小分けにしておくと、持ち運びやすく食べやすいです。持ちよりパーティーならではのアイデアです。

パエリア

【材料】作りやすい分量

米	1合
白ワイン	50㎖
サフラン	ひとつまみ
あさり	150g
いか、小えび	適量
玉ねぎ（みじん切り）	1/2個
トマト、黄パプリカ（角切り）	1/4個
イタリアンパセリ、レモン	適量
コンソメ（顆粒）	小さじ1
EXバージンオリーブオイル	適量
塩、こしょう	適量

【作り方】

1 鍋にEXバージンオリーブオイル、あさり、いか、小えびを入れて軽く炒める。白ワインを加えて蓋をする。あさりの口が開いたら、具と汁に分ける。汁に水（分量外）を加えて250㎖にし、サフランを加える。

2 鍋にEXバージンオリーブオイルと玉ねぎを入れて炒め、米を入れ透き通るまで炒める。1の汁とコンソメ、トマトを加え、塩とこしょうで味を調える。沸騰したら弱火にして蓋をし、15分加熱する。状態を見たら蓋をして、15分蒸らす。

3 カップに1の具と2、黄パプリカをのせ、イタリアンパセリとレモンを飾る。

MAIN

食欲をそそる
マスタードが
大活躍

ゆで豚とキャベツのマスタードあえ

【材料】4人分

豚肩ロース肉（ブロック）	400g
塩	小さじ2と1/2
キャベツ	1/4個
粒マスタード	大さじ1
しょうゆ	大さじ2

【作り方】

1. 大きめの鍋にたっぷりの湯を沸かし、塩小さじ2を溶かす。豚肩ロース肉を入れて弱火にし、静かに沸騰させながら1時間ゆでる。
2. 豚肉を取り出してまな板にのせ、竹串を通して赤い汁が出るようになるまで、さらにゆでる。
3. 豚肉をゆで汁に戻し、つけたままの状態で粗熱を取る。スライスする。
4. 鍋にたっぷりの湯を沸かし、塩を加えて溶かす。キャベツを一口大に切り、さっとゆでてざるにあげる。粗熱が取れたら水気を絞る。
5. ボウルに粒マスタードとしょうゆを入れて合わせる。キャベツを加えてあえる。器に3を敷き、3を並べて、5で残ったたれをかける。

定番メニューは
アイテム使いで
ワンランクアップ

たれに浸けることで、冷めてもおいしい唐揚げになります。

塩レモングラスの唐揚げ

【材料】作りやすい分量
鶏もも肉 ──────── 400g
A ┌ ナンプラー ──────── 大さじ1
　├ レモングラス（ドライ）── 5本
　└ 塩、こしょう ──────── 適量
片栗粉 ──────── 適量
サラダオイル ──────── 適量
B ┌ 黒酢 ──────── 大さじ2
　├ ナンプラー ──────── 大さじ1
　├ 砂糖 ──────── 大さじ1
　└ 唐辛子（輪切り） ──────── ひとつまみ

【作り方】
1　鶏もも肉は一口大に切り、2時間以上、混ぜ合わせたAに浸ける。
2　鍋にBを入れ、一煮立ちさせたら冷ます。
3　1に片栗粉をまぶす。鍋にサラダオイルを入れ中温で揚げる。熱いうちに2に浸ける。

MAIN

ローズマリーも一緒に盛りつけて飾りに

チキンのレモンマリネ

【材料】4〜6人分

鶏もも肉	400g
EXバージンオリーブオイル	適量
A　EXバージンオリーブオイル	100ml
白ワイン	100ml
ローズマリー	1本
にんにく（みじん切り）	1かけ
塩、こしょう	適量
レモン（半月切り）	6枚

【作り方】

1. 鶏もも肉は一口大より少し大きめに切り、塩とこしょうをふる。
2. ビニール袋に混ぜ合せてたAを入れ、1を加える。常温で2時間くらい浸ける。
3. フライパンにEXバージンオリーブオイルを入れて熱し、汁気を切った2を両面焼き色がつくまで焼き弱火にする。蓋をして6分くらい蒸し焼きにし、鶏もも肉に火を通す。
4. フライパンにAを入れて、半量くらいになるまで煮詰める。
5. 3を保存容器に入れて3を注ぐ。味を見て、塩とこしょうをふり、レモンをのせる。

青ゆずいなり寿司

見せ方もバラエティ豊かに！

【作り方】三角型とロール型で各6個・12個分

油あげ		3枚
A ┌ 砂糖、しょうゆ、みりん		各大さじ1と1/2
└ だし汁		200mℓ
炊いた白米		300g
B ┌ 米酢		40mℓ
│ 砂糖		大さじ1と1/2
│ 塩		小さじ1/2
│ 粉山椒		小さじ1/4
└ 青柚子（皮）		1/2個分
海苔		適量
三つ葉		12本

【作り方】※2種の巻き方のコツはp.134を参照

1 油あげは熱湯をかけ、油抜きする。両端を三角に切り、三角型用とロール型用を作る。
2 鍋にAを入れて沸かし、1を入れて汁がなくなるまで煮る。
3 ボウルに炊いた白米とBを入れて混ぜ、冷ます。三つ葉はラップに包んで500wの電子レンジで20秒加熱する。
4 2の油あげの汁気を絞り、三角型用とロール型用に分ける。
5 三角型用の油あげに3の酢飯を詰めて両端を重ねる。
6 ロール型用の油あげを広げ、海苔を敷き、3の酢飯をのせ棒状に巻く。半分に切って三つ葉で結ぶ。

DESSERT

キウイのジャスミンゼリー

【材料】作りやすい分量
キウイ	4個
A ┌ ジャスミンティー	250㎖
├ 白ワイン	250㎖
└ グラニュー糖	50g
粉ゼラチン	10g
レモン汁	1/2個分
メープルシロップ	大さじ2
ミント（葉）	20枚くらい

【作り方】
1. 鍋にAを入れて熱し、溶かし、ふやかしておいた粉ゼラチンを加えてさらに溶かす。型に流し、粗熱が取れたら冷蔵庫で冷やし固める。
2. ボウルに小さくいちょう切りにしたキウイと、レモン汁、メープルシロップを入れ、冷蔵庫で1時間くらい冷やす。
3. 1が固まったら崩してから器に入れ、2をのせてミントを飾る。

Comment
さっぱりとした味がデザートにおすすめ。カップに入れて持っていくのもいいですし、ゼリーを崩して、それぞれパーツで持っていってもいいでしょう。

> 透明な器に入れて、涼感をたのしんで

> 甘みの強い安納いもがおすすめ

さつまいもマッシュ with マスカルポーネ

【材料】4～6人分
さつまいも	1個
A ┌ マスカルポーネチーズ	120g
└ コンデンスミルク	20g

【作り方】
1. さつまいもは蒸す、もしくはゆでてやわらかくなったらつぶす。
2. 器に1をのせ、混ぜ合わせたAを添える。

Comment
秋から冬の安納いもの時期に大変おすすめのメニューです。Aのクリームは、栗やいちごとも相性がいいです。マスカルポーネとコンデンスミルクは、6：1の割合で。さらに好みでコンデンスミルクを回しかけてもおいしいです。

アールグレイのマフィン

【材料】直径7cmのマフィン型・6個分
卵	1個
サワークリーム	120g
アールグレイ（細かい葉）	大さじ1
薄力粉	200g
ベーキングパウダー	小さじ2
グラニュー糖	130g
バター	40g
塩	小さじ1/4

【作り方】
1. 卵とサワークリームは常温に戻しておく。薄力粉とベーキングパウダーは合わせてふるっておく。
2. 卵を溶きほぐし、グラニュー糖を加え、ハンドミキサーなどで混ぜる。
3. 2に溶かしたバターを少しずつ加えて混ぜる。
4. サワークリームとアールグレイは混ぜ合わせ、3に加えて混ぜる。
5. マフィン型に4を流して、180℃のオーブンで15分くらい焼く。

冷めても
おいしいので
おみやげにも◎

Comment
マフィン型のまま持って行くのも
演出のひとつになります。

甘酒クッキー

【材料】幅6cmの蝶型・20個分
薄力粉		120g
A	甘酒	50ml
	砂糖	30g
	サラダオイル	大さじ3
	しょうが（すりおろし）	1かけ
	塩	少々

【作り方】
1. ボウルにAを入れ、泡立て器でよく混ぜる。
2. 薄力粉をふるって入れ、ゴムベラでさっくりと混ぜる。
3. 生地がまとまったら、丸めて手のひらで押す。
4. 半分に折りたたみ、90°回転させて丸め、手のひらで押す。これを5回くり返す。
5. めん棒で5mmの厚さに伸ばし、型で抜いて160℃のオーブンで20分焼く。

Comment
クッキーの空き缶などにクッキングシートを敷いて持って行くと、そのままテーブルに出すことができます。

クッキー型は
遊びごころの
あるものを

DESSERT

梨のタルトのクランブルがけ

【材料】タルトカップ6～7cm・10個分
- 梨 ————————————— 1個
- グラニュー糖 ————————— 大さじ2
- A ┌ 紅茶 ————————— 100ml
  │ 八角 ————————— 1/4個
  │ レモン汁 ————————— 1個分
  └ レーズン ————————— 大さじ2
- B ┌ 薄力粉 ————————— 30g
  │ バター ————————— 20g
  └ 砂糖 ————————— 20g
- オートミール ————————— 20g
- タルトカップ ————————— 10個

【作り方】
1. 鍋に5mm角に切った梨とグラニュー糖を入れて混ぜる。10分くらい置いて水分が出てきたら、Aを加え、弱火で15分煮る。
2. ボウルにBを入れて混ぜ合せ、そぼろ状になったらオートミールを加えてざっくり混ぜる。180℃のオーブンで10分焼く。
3. タルトカップに1を入れ、2をのせる。

かんたんに作れてまた食べたくなる

Comment

梨の水分が出るので、タルトカップ、中身、クランブルは別々に持って行きましょう。クランブルがあまったらトーストにのせてもおいしく食べられます。

豆腐のティラミス

【材料】作りやすい分量
絹豆腐	1丁(約300g)
バナナ(熟れたもの)	2本
レモン汁	大さじ1/2
A ┌ 熱湯	大さじ2
├ インスタントコーヒー	小さじ2
├ きび砂糖	大さじ2
└ ラム酒	大さじ1
フィンガービスケット	適量
ココアパウダー	適量

【作り方】
1 豆腐はキッチンペーパーに包んで、耐熱皿にのせ、電子レンジで2分加熱する。やけどに気をつけながら、新しいキッチンペーパーで包み直し、ざるにのせ、皿で重しをして水気を切りながら冷ます。
2 フードプロセッサーに1とバナナ、レモン汁、混ぜ合わせたAを入れて、なめらかになるまで撹拌する。
3 器にフィンガービスケットを並べる。2を流し入れて広げる。冷蔵庫で1時間以上冷やす。ココアパウダーをふる。

パーティーメニューらしく大きな器に作る

シンプルでなつかしい味わい

Comment

ガラスの容器などで持って行く場合は、割れないようにキッチンペーパーをかませるとよいでしょう(p.9コツその3「ガラスの保護」を参照)。使い捨てのカップでもOK。ジャムは食べる直前にのせてもいいです。

ミルクプリンのマーマレード添え

【材料】作りやすい分量
牛乳	500㎖
はちみつ	大さじ1
グランマニエ	小さじ1
ゼラチン	10g
バニラビーンズ	1/5本
オレンジマーマレード	適量

【作り方】
1 鍋に牛乳とはちみつを入れ、バニラビーンズをこそいで火にかける。はちみつが溶けたら火から下ろし、グランマニエを加える。
2 ふやかしたゼラチンを溶かし、型に注いで固まるまで冷やす。
3 オレンジマーマレードをのせる。

GET THE HANG OF DUMPLING WRAPPERS!

餃子の皮 作り方のコツ

市販のものでもいいですが、手作りするほうが断然おいしい餃子の皮。コツさえつかめば、難しいものではありません。プリップリの食感をぜひ、味わってください。具材は好みでカスタマイズしてみましょう。
→P.058

> めん棒で皮の厚さを調整する

1 まな板に打ち粉をする。

2 生地を棒状にする。

3 真ん中で切り、2等分にする。

4 必要な数に等分する。本書では12等分に。

5 手のひらでつぶす。

6 めん棒で伸ばしながら、中央は厚く外側は薄くする。

7 具材を入れ、端に水をつけてくっつける。

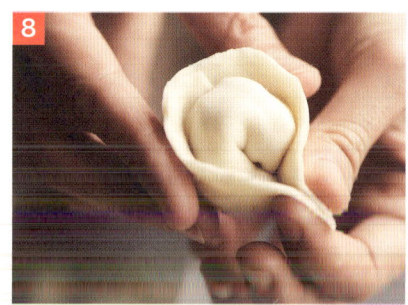

8 両端をくっつけて、丸く成形する。

9 通常の餃子のかたちも作るとバラエティ豊かに見える。

GET THE HANG OF TORTILLA!

トルティーヤラップ 作り方のコツ

その場で好きなものを巻いて食べるのもたのしいですが、ラップ状にしてあると手軽につまめて手も汚れず、見栄えもいいです。ワックスペーパーとテープを使えばかんたんに作れます。
→P.114

ペーパーを巻いたまま切るのがポイント！

1 トルティーヤの半分くらいに具材をのせ巻く。

2 トルティーヤの下にワックスペーパーを敷く。

3 手前からワックスペーパーを巻く。

4 ワックスペーパーの端をおさえながら持つ。

5 ワックスペーパーの両端をねじる。

6 テープでとめる。

7 ねじった両端を切り落とす。

8 どれくらいの大きさに切るか見当をつける。

9 一口大に切る。

GET THE HANG OF INARI SUSHI!

いなり寿司2種 巻き方のコツ

手軽につまめて食べやすいいなり寿司。お弁当の定番メニューでもありますが、定番ゆえにマンネリ化しやすいともいえます。油あげの使い方や巻き方をひと工夫して、見栄えのいいおいなりさんに変身させましょう！
→P.127

丸型とロール型の巻き方をマスター！

三角型
ロール型

1 油あげを2等分して裏返し、酢飯を詰める。

2 両端を重ねてひっくり返して、三角型にする。

3 ロール型用の油あげを広げる。海苔を切る。

4 油あげの上に海苔を重ね、酢飯をのせる。

5 手前から巻き込む。

6 棒状（ロール型）にする。

7 2等分に切る。

8 中央に三つ葉を巻きつける。

9 三つ葉の端同士を結ぶ。

Conclusion

本書は、わたしがこれまでのケータリングの経験から
得たテクニックを紹介しました。
少し手間がかかるレシピも、なかにはあったかと思います。
でも誰かのために作る料理は、多少なりとも
手がかかっているもの。
そのひと手間によって、味や見た目に差がつきます。
わたしは、「簡単だったらラッキー！」くらいの気持ちで
普段からお料理をしています。
実際に、よく考えられたレシピやていねいに作ったものは、
食べてくれる人の反応もいいです。
パーティーに集う人たちのよろこぶ顔を想像しながら作る時間は、
わたしにとってとても幸せなひとときです。
そして、実際によろこんでもらえたら、感涙ですよね。
食べる人のことを想像しながら、準備からたのしみましょう。
そんな幸せな時間がみなさんに訪れることを願っています。

岩本恵美子

岩本恵美子　Emiko Iwamoto

美容、デザイン関係の仕事を経て、料理の道へ。DEAN & DELUCA でケータリングコーディネーターとして勤務。イベントの料理のメニューを考案したり、お菓子をセレクトしたりとフード関連のコーディネート全般を担当した。オーガニックやローカルフードなどに興味を持ち、地元の無農薬農家さんとの出会いや趣味であるサーフィン・登山などを通して、食と自然とのつながりをより強く感じるようになる。現在は、Thymons（チモンズ）として活動し、ギャラリー林檎の木にて地元の野菜を使ったランチ「5156 LUNCH」や料理教室「ON the TABLE」を毎月開催。著書に『豆乳スムージー』、『おいしい野菜レシピ』（共に文化出版局）、『野菜が主役！ ベジつまみ』（旭屋出版）がある。
http://www.thymons.jp

Mochiyori & Sashiire Recipe

持ちより&差しいれレシピ

発行日　2014年11月20日　第一刷発行

著　者　岩本恵美子(いわもとえみこ)

発　行　株式会社産業編集センター
　　　　〒112-0011 東京都文京区千石4-17-10

印刷・製本　株式会社シナノパブリッシングプレス

※定価はカバーにあります。
※許可なく転載・複写ならびに Web 上での使用を禁じます。
※落丁本、乱丁本はお取り替えします。

© 2014 Emiko IWAMOTO , haruharu Printed in Japan

ISBN978-4-86311-104-2

STAFF

撮影　　　　田村昌裕（FREAKS）
AD・デザイン　久保多佳子（haruharu）
編集・執筆　山口未和子
イラスト　　岩本恵美子
フードサポート　金子奈央
企画　　　　haruharu

撮影協力

林檎の木
http://www.gallery-ringonoki.com/

レンタルファームつくしんぼ
http://tuku-shinbo.com/

GRILLED VEGETABLES AND SHRIMPS — CHAPATI — DIP — BASKET — LEMON
FRESH CORIANDER CILANTRO
CUT THE CHICKEN
SQUARE MACCHA CAKE → CUT THE CAKE
RADISH
TAINESE FRIED FISH BA...
CUT CAKE WITH ANKO — WASARA — BAMBOO BASKET
Put the cake was cut in a cup
RED PEPPER

TIME TABLE
finger foods
RED LIPSTICK
RED POLISH
RED CHEEK
YAKITORI

FISH
COCONUT MILK → FRIED FISH BALL → MIXED!!!
ホーロー タッパーに ENAMEL
PEAR — PINEAPPLE — GRAPES
WATER MELON
スイカは別にもっていく
LET'S ENJOY THE STEAM

TAKOMESHI
Chunk of OCTOPUS
COCONUT SHIRATAMA
CUT THE CITRUS BECOME BOWL

WAXPAPER — FRIED SALMON
SALMON — CUP OF PAPER
RED CABBAGE + BOUQUET GARNI + PASSATA + VINEGAR ⇒ RED SOUP
LEAF OF SALAD
FAVORITE FRUIT + SUGAR + LIQUEUR
HOW TO MAKE "MACEDON..."
TO BRING IN BOTTLED

RED SCONE
PAPAYA + CUCUMBER with CHILI POWDER and Maldon SALT
プラスチックの Cup of plastic
RED ONION
2 CONTENTS
LET'S GO TO THE PICNIC!!
MY FAVORITE BASKET